本书获得 2021 年山西省产教融合研究生联合培养项目、
经济学学科建设项目、党的十九届六中全会及山西省第十
（2022YD063）的资助

员工持股计划

对企业全要素
生产率的影响研究

任灿灿　著

Research on the
Influence of
ESOP to Total Factor
Productivity of
Enterprises

经济管理出版社

ECONOMY & MANAGEMENT PUBLISHING HOUSE

图书在版编目（CIP）数据

员工持股计划对企业全要素生产率的影响研究/任灿灿著. —北京：经济管理出版社，2022.8

ISBN 978-7-5096-8651-5

Ⅰ.①员… Ⅱ.①任… Ⅲ.①职工股份制—影响—企业管理—全要素生产率—研究—中国 Ⅳ.①F279.23

中国版本图书馆 CIP 数据核字（2022）第 138789 号

组稿编辑：范美琴
责任编辑：范美琴
责任印制：黄章平
责任校对：蔡晓臻

出版发行：经济管理出版社
　　　　　（北京市海淀区北蜂窝 8 号中雅大厦 A 座 11 层　100038）
网　　址：www.E-mp.com.cn
电　　话：（010）51915602
印　　刷：唐山昊达印刷有限公司
经　　销：新华书店
开　　本：720mm×1000mm/16
印　　张：12
字　　数：178 千字
版　　次：2022 年 10 月第 1 版　　2022 年 10 月第 1 次印刷
书　　号：ISBN 978-7-5096-8651-5
定　　价：88.00 元

·版权所有　翻印必究·

凡购本社图书，如有印装错误，由本社发行部负责调换。

联系地址：北京市海淀区北蜂窝 8 号中雅大厦 11 层
电话：（010）68022974　　邮编：100038

前　言

　　随着中国特色社会主义进入新时代，我国经济发展已由高速增长阶段转向高质量发展阶段。高质量发展要求经济发展更加注重效率变革、质量变革，提高全要素生产率。微观经济是整个社会经济的基础，提高宏观经济发展质量应以改善企业全要素生产率为基础，而这一过程离不开人力资本的贡献。员工作为企业发展资源的重要组成部分，对技术进步、资源配置效率改善都具有不容忽视的作用。然而，现阶段企业多关注企业家、管理层的激励，忽略了普通员工的人力资本价值，导致员工与企业的利益冲突严重，物质资本要素和劳动力要素脱节，限制了企业全要素生产率的提高。2014年6月，中国证券监督管理委员会发布了《关于上市公司实施员工持股计划试点的指导意见》，主张企业通过员工持股计划改善公司治理结构、优化资源配置。这一政策受到国内上市公司的积极响应。

　　员工持股计划是一种利益分配手段，旨在通过向企业内部员工分享股份和剩余索取权，形成资本与劳动、企业与员工、员工与员工之间的利益绑定关系，产生企业内部资本要素和劳动力要素的协同效应。然而，员工持股计划存在有限适用性，其积极效应的发挥需要合理的分配制度设计以及要素市场的协同支持。那么，员工持股计划对资本要素和劳动力要素的绑定作用能否改善企业全要素生产率？制度设计中对参与者权益的差异化分配会对企业全要素生产率产生哪些不同的影响效果？资本要素市场和劳动力要素市场的环境差异会对员工持股计划与企业全要素生产率两者关系产生怎样的调节效应？

　　基于以上问题，本书以2010~2018年中国沪深A股非金融上市公司为研究样本，对员工持股计划与企业全要素生产率的关系进行了系统深入的研究，具体包括以下内容：①基于利益绑定功能和共生治理理论，对员工持股计划与企业全要素生产率的一般关系进行理论分析和实证检验，探究两者关系的影响机理。②基于蛋糕分配理论，将员工持股计划的权益分配条款划分为控制权条款、公平性条款和风险性条款，依次检验制度设计差异对企业全要素生产率及传导路径的不同影响。③基于信号传递理论、融资约束理论和人力资本价值理论，对资本要素市场和劳动力要素市场的调节效应进行理论分析和实证检验，并从制度设计差异、传导路径的不同情境进一步分析员工持股计划的有限适用性。

本书研究发现：①员工持股计划有利于充分激发企业与员工、管理层与普通员工之间的协同性，实现企业资本要素、劳动力要素的协同和优化配置，进而提高企业全要素生产率。其中，促进企业创新、抑制金融资产配置是主要传导路径。②员工持股计划控制权对企业全要素生产率的影响呈先升后降的趋势，持股比例超过4%时可能加剧企业的资源配置不当行为，进而导致全要素生产率下降；分配公平性越高、风险性越低时，员工持股计划的实践效果越好。③员工持股计划积极效应的发挥依赖资本市场环境的支持，股价信息含量和融资环境正向调节员工持股计划与企业全要素生产率的关系。④在企业内外部劳动力市场环境差异下，员工持股计划存在有限适用性，员工议价能力和人力资本禀赋正向调节员工持股计划与企业全要素生产率的关系。

本书研究结论具有如下贡献与创新：①以改善企业发展质量为出发点和落脚点，运用国内上市公司样本深入探究员工持股计划对企业全要素生产率的影响，弥补了国内员工持股计划经济后果研究的不足，有利于揭示员工持股计划对企业全要素生产率的影响及作用机理。②从分配合理性视角划分员工持股计划实施条款，并进一步分析制度设计差异产生的不同效果，既有利于厘清员工持股计划发挥治理效应的内在逻辑，也有利于企业根据具体情况合理设计员工持股计划条款。③深入探究资本市场环境、劳动力市场环境对两者关系的调节效应，有利于揭示要素市场环境与员工持股计划有效性的互动机制，对我国进一步开放资本市场、构建良性市场环境，从而提高员工持股计划的实施有效性具有重要的指导意义。

　　本书根据研究结论提出相应政策建议：①企业应根据内外部环境，合理设计员工持股计划以提高企业全要素生产率。②政府应补充完善相关政策，鼓励和支持企业员工持股计划的有效、有序实施。③改善资源配置扭曲问题，构建有利于员工持股计划实施的良性市场环境。④投资者应研判员工持股计划的内含信息，预测企业发展质量并理性投资。

目　录

第一章

绪论

一、研究背景和意义

（一）研究背景

1. 提高全要素生产率是实现我国经济高质量发展的必然选择

改革开放以来，我国经济依靠出口、投资、消费"三驾马车"的驱动，实现了几十年的高速增长，国内生产总值迅速提升，并建成了门类齐全、独立完整的产业体系，我国已成为世界经济大国，是当前促进世界经济发展的重要力量。然而，在肯定我国经济发展巨大成就的同时，我们也不能忽视高速增长过程中的弊端和隐藏的挑战。由图 1-1 可知，2000～2007 年，充沛的传统要素禀赋构成了我国经济高速增长的要素红利，我国 GDP（国内生产总值）年均增长超过 11.6%，而这一阶段我国全要素生产率（Total Factor Productivity，TFP）水平与 GDP 增长趋势不完全一致。2008 年以来，受全球金融危机影响，国际经济环境持续低迷，我国经济增长率也呈现陡崖式下降，虽然在政策刺激下 2010 年增速有所回升，但

2012~2015 年增长率持续下降，跌落至 5.2% 左右，从 2016 年起才开始小幅回升。在传统的要素禀赋结构下支撑我国经济增长的资源要素红利及劳动力红利逐渐消失，GDP 变动趋势与全要素生产率增长率逐渐趋于一致。一系列数据表明，高度依赖要素投入驱动的传统粗放式发展模式难以继续带动经济持续增长，我国经济发展已进入一个重要的转折点。依托全要素生产率的提高推动经济高质量发展已成为我国突破发展瓶颈的必然选择。

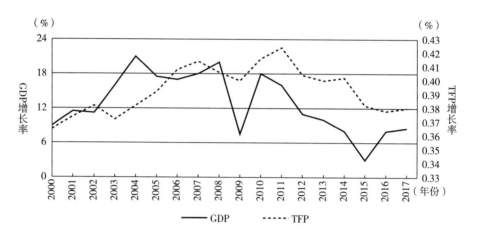

图 1-1　2000~2017 年中国 GDP 和 TFP 变动趋势

资料来源：根据 Wind 数据库的数据自行整理绘制。

　　基于上述背景，习近平同志于 2014 年 5 月在河南考察时指出，我国发展处于重要战略机遇期，鼓励各部门要增强信心，积极适应新常态，并在中央经济工作会议上提出经济工作要适应经济发展新常态的要求。2017年，党的十九大报告进一步强调，我国正处在转变经济发展方式的重要攻关期，为实现建设现代化经济体系的战略目标，必须坚持质量第一、效益优先，推动经济发展实现质量、效率和动力上的变革，提高全要素生产率。作为社会经济的基础，企业发展水平不仅决定着市场经济的发展状况，而且决定着整个社会经济的生机和活力，实现宏观层面的经济高质量发展必须从企业全要素生产率入手（黄速建等，2018）。因此，如何进一步提高企业全要素生产率水平是当前亟须解决的关键问题。

2. 人力资本对提高企业全要素生产率的价值有待进一步发挥

区别于传统的单一要素生产率指标，全要素生产率突破了传统发展模式中要素投入在量上的客观约束，强调要素间的优化配置和要素的使用效率；也不同于企业绩效、企业价值等指标，其更侧重于企业活力、效率等企业发展的可持续性，是衡量企业发展质量的可靠指标。企业全要素生产率的提高主要依赖资源合理配置、研发和技术进步以及组织或管理效率改善（Turner et al.，2013；程惠芳和陆嘉俊，2014；盖庆恩等，2015），以上途径不仅需要企业家和管理层能力的驱动，更离不开员工人力资本的贡献。一方面，普通员工作为企业执行层，其职责主要在于通过生产资料的采购、生产、销售等环节来执行企业的各项经营决策活动，人力资本的工作态度直接决定资源的使用效率，影响全要素生产率；另一方面，随着人工智能的进一步普及和知识经济时代的迅速发展，员工不再单纯扮演简单的劳动力角色，更是诸多创新思想的源头，是研发创新活动的主体（陈冬华等，2015；陈效东，2017），其创新积极性和协作意愿关乎企业创新水平，进而影响企业发展质量。同时，员工作为企业内部利益相关者，具有获取企业经营状况等信息的先天优势条件，员工参与治理既能形成企业内部有效监督，又能为企业决策建言献策，约束资源不合理配置现象（Njoya，2011），提高企业全要素生产率。

可见，人力资本对企业全要素生产率的作用不仅体现在劳动力要素的投入数量上，更重要的是人力资本价值的发挥程度。然而，人力资本附属于员工个人的这一特性导致易产生堑壕效应。员工与企业以雇佣关系为主，一般只领取固定薪酬，执行规定任务，员工薪酬与企业盈利能力、企业价值不具有关联性，因此，从利益层面而言，员工与企业相互独立，这使得员工不愿付出超出其薪酬价值的努力，也缺少关注企业长期价值的意愿，对企业全要素生产率产生不利影响。虽然当前学术界和企业已经关注到人力资本对企业发展的重要性，并积极采取股权激励、业绩考核、权力配置等多种举措（Fang et al.，2015；黄杉等，2017；孙萌瑶和薛坤坤，2018），但是，上述举措均以管理层为主要对象，侧重关注少数管理层的人才价值，忽略了在企业中占重要份额的普通员工。这一现状长期激化员工对薪酬的不满心理，并导致员工通过工作懈怠、逆向选择、"敲竹杠"（Hold-up）等机会主义行为降低人力资本价值来寻求平衡，进而影响企业发展（Jensen and Meckling，1976；高娟，2018）。员工人力资本价值仍存在较大的提升空间，企业要想实现更高效率的发展，必须进一步改善员工与企业的关系，激发员工人力资本的活力。

3. 员工持股计划的重启受到我国政策支持和企业追捧

2012 年 8 月，中国证券监督管理委员会（以下简称"证监会"）发布《上市公司员工持股计划管理暂行办法（征求意见稿）》，为中国上市公司实施员工持股计划拉开帷幕。2014 年 6 月，证监会发布《关于上市公司实施员工持股计划试点的指导意见》（以下简称《指导意见》），进一步为这一股权激励方式提供了制度保障。此外，党的十八届三中全会于 2013 年首次提出，允许混合所有制经济实行企业员工持股制度，员工持股计划成为我国混合所有制改革的重要内容。2015 年，党中央、国务院相继发布了《中共中央、国务院关于深化国有企业改革的指导意见》和《国务院关于国有企业发展混合所有制经济的意见》，进一步明确了员工持股计划在国有企业混合所有制改革中的重要意义。国资委、财政部、证监会三部委于 2016 年联合印发《关于国有控股混合所有制企业开展员工持股试点的意见》，为国有企业开展员工持股计划提供了政策依据。2014 年《指导意见》颁布以来，员工持股计划受到上市公司的欢迎，截至 2019 年 12 月 31 日，已有约 1089 个上市公司-年度样本发布了员工持股计划（草案），约 886 个上市公司-年度样本完成实施了员工持股计划。

员工持股计划（Employee Stock Ownership Plan，ESOP）是指以企业员工为目标群体，通过员工分享公司股份，使持股员工成为企业所有者，有权参与企业未来收益的分配和经营决策，实现资本要素和劳动要素相统一的资金募集机制、利益共享机制、长期激励机制和公司治理机制。该制度弥补了以往股权激励侧重关注管理层的缺陷，是以普通员工为参与主体的激励制度和企业所有权分配方案。在具体实施过程中，各企业基于不同目的对员工持股计划的实施方案进行具体设计。由表1-1可知，在实施员工持股计划的样本企业中，有210家企业通过向银行金融机构借款作为ESOP的资金来源，并构建优先级和劣后级的杠杆式员工持股计划，有130家企业采用非公开发行的方式作为ESOP的股票来源，ESOP认购比例平均达1.52%，其中，高管认购份额平均占比为26.81%，普通员工认购份额平均占比为72.23%，企业员工参与人数平均达到420人。员工持股计划响应了"创新、协调、绿色、开放、共享"的新发展理念，旨在优化公司治理结构，实现资源优化配置，基本契合了我国注重质量变革、效率变革、动力变革，提高全要素生产率的发展目标。那么，在经济高质量发展背景下，员工持股计划这一制度的实践效果如何？不同的要素设计方案体现了企业何种分配理念，会产生哪些不同的影响效果？上述问题尚需进一步回答。

表1-1　员工持股计划实施情况

年份	资金来源		股票来源		持股比例（%）	高管认购比例（%）	普通员工认购比例（%）	参与人数（人）	实施数（个）
	非杠杆（家）	杠杆（家）	二级市场（家）	非公开发行（家）					
2014	10	3	13	0	1.71	22.88	76.21	244.18	13
2015	136	62	165	33	1.45	26.59	72.09	423.70	198
2016	181	43	167	57	1.47	28.88	69.73	406.54	223
2017	145	49	163	31	1.88	25.89	73.85	545.79	194
2018	110	35	138	7	1.63	30.60	68.31	432.16	145
2019	93	18	109	2	1.00	26.00	73.16	468.09	112
合计	**675**	**210**	**755**	**130**	**1.52**	**26.81**	**72.23**	**420.08**	**886**

资料来源：根据各企业发布的员工持股计划实施公告手动整理。

4. 员工持股计划具有有限适用性，其实践效果尚需进一步检验

员工持股计划是一项结合资本市场和公司治理的创新型管理激励制度，员工个人财富与企业股价挂钩的同时，成为公司治理结构的重要组成部分。然而，在ESOP的实践过程中，员工持股计划表现出不同的实践效果。华为是实施员工持股计划的典型民营企业，长期保持由创始人持有

1%的股权，员工持有99%股权的创新型全员持股模式，以达到激励员工的目的。在此制度背景下，华为拥有了全球最先进的5G技术，是当前世界500强企业中唯一的非上市企业，其员工持股制度也是全球最成功的案例。然而，与华为效果不同，我国在改革开放初期也尝试了企业内部职工持股，即早期员工持股计划，结果出现一系列超范围发行、私下转让、国有资产流失等问题，导致企业投机现象严重，随后被叫停。同样，自《指导意见》颁布以来，各上市公司的实践效果也存在较大差异，如龙蟒佰利联集团股份有限公司（股票代码002601）坚持"实现义利共生，共享发展成果"的理念，于2018年初实施了员工持股计划，惠及员工近1300人。ESOP实施后的企业得到进一步发展壮大和效益提升，被评为"中小板最具成长性上市公司十强"，持股员工也获得了4.17亿元（含税）的股票分红，个人收益率达到144%，实现了企业和员工共赢。贝因美股份有限公司（股票代码002570）自2016年开始连续两年亏损，被证监会实施退市风险警示。2018年9月实施员工持股计划后，该企业转亏为盈。2018年年报显示，该公司当年营业收入总额达到24.9亿元，净利润达到4111万元，相比上年增长约104%。然而，同样实施了员工持股计划的金龙机电却遭遇了股票大幅下跌，被迫于2018年8月1日对ESOP股票进行了强制平仓处置，造成持股员工的重大经济损失。

可见，不同时期、不同情境的ESOP实践效果存在差异，员工持股计划具有有限适用性（黄群慧等，2014）。企业是资本、劳动、技术的整合体，员工持股计划对企业全要素生产率的提高依托资本要素、劳动力要素与员工努力的协调配合。具体而言，资本要素市场中股票市场和债务融资市场的发展水平影响企业融资能力和员工对股价的态度，企业内外部劳动力要素市场影响单位劳动对企业的边际贡献。那么，在不同的资本、劳动力要素市场环境约束下，员工持股计划及其条款对企业全要素生产率的影响效果会发生哪些变化？企业应如何调整内部治理环境，如何适应外部环境？政府部门应如何给予政策支持或监管，以充分发挥员工持股计划的积极效应？这些问题都值得深入研究。

（二）研究意义

本书研究员工持股计划实施与否、制度设计差异对企业全要素生产率的影响及作用机理，并进一步探究资本要素市场中股价信息含量、融资约束与劳动力要素市场中工资议价能力、人力资本禀赋对两者关系的调节效应，其理论意义在于以下几方面：

（1）有利于揭示员工持股计划对企业全要素生产率的影响及作用机理。员工持股计划旨在形成资本要素和劳动要素的利益共同体，提高企业内部人力资本与物质资本、技术等其他要素的协同性，提高要素之间的融合度。本书尝试探究员工持股计划与企业全要素生产率的关系，特别是普通员工在其中的作用，深化员工持股计划与企业全要素生产率关系的相关理论。同时，员工持股计划不仅是对员工进行利益分享的激励举措，也有利于构成员工参与治理的共生治理关系，因此，具有多重影响渠道。本书在已有研究的基础上构建了"ESOP—企业创新—企业全要素生产率"及"ESOP—金融资产配置—企业全要素生产率"两条影响路径，并进一步发现在条款差异下，ESOP 对两条路径的影响趋势不完全一致。本书研究有利于厘清员工持股计划的治理路径，为后续相关研究提供新的研究思路。

（2）员工持股计划是通过向员工分配股权进行激励、治理的举措，其分配合理性体现企业的实施目的，并影响实践效果。本书基于蛋糕分配理论，将员工持股计划条款划分为控制权条款、公平性条款和风险性条款，并分别检验制度设计的不同分配属性对企业全要素生产率的影响差异。本书研究有利于从分配视角厘清企业员工持股计划的制度设计原理，揭示员工持股计划发挥治理效应的根源所在。

（3）有利于揭示资本要素、劳动力要素市场环境与人力资本活力有效性的协同关系。人力资本通过影响资源配置效率、技术进步对企业全要素生产率发挥作用，而这一过程离不开物质资本要素的支持，也与劳动力要素配置合理性、劳动力的人力资本禀赋息息相关。员工持股计划作为一项员工激励制度，因受要素市场环境的影响而产生有限适用性问题。本书探究了股价信息含量、债务融资约束、工资议价能力、人力资本禀赋对员工持股计划与企业全要素生产率关系的调节效应，有利于揭示要素市场环境与人力资本活力有效性的互动机制。

在更加重视人力资本价值、追求经济高质量发展的现实背景下，探究员工持股计划这一激励制度的实践效果以及要素环境对其有限适用性的影响，具有重要的现实意义。

（1）对企业自主选择是否开展员工持股计划、如何有效设计条款具有指导意义。本书在分析员工持股计划与企业全要素生产率基础关系的同时，从分配合理性视角探究了控制权条款、公平性条款和风险性条款差异对企业全要素生产率产生的不同影响。本书研究有利于揭示员工持股计划积极效应的内在机理，对企业自主选择是否开展员工持股计划、如何合理进行条款设计具有指导意义。

（2）对企业进一步关注普通员工的人力资本价值具有指导意义。员工是企业经营活动的直接载体，企业核心竞争力的提升离不开员工人力资本的努力和协作。本书揭示了普通员工对企业全要素生产率的重要性，发现员工是改善企业发展质量的关键一环，人力资本堑壕效应约束了员工个人价值的发挥。员工持股计划向普通员工倾斜有利于实现资本与劳动的协同性，进而促进企业全要素生产率提高。人力资本禀赋越高，其积极效应越好。本研究对企业在市场竞争压力下更加关注人力资本价值，并积极采取措施激发员工活力、提高人力资本价值具有现实指导意义。

（3）员工持股计划要想发挥积极效应，离不开要素市场环境的协调和配合。本书深入研究股价信息含量、债务融资约束、工资议价能力、人力资本禀赋影响下员工持股计划的有限适用性，研究结论对于我国进一步开放资本市场、引进成熟市场投资者、减少政府干预、发挥市场对资源配置的决定性作用具有重要的参考意义。

（4）对投资者、监管部门合理判断企业员工持股计划的实施效果，理性做出投资和监管决策提供依据。本书对员工持股计划与企业全要素生产率的关系进行研究发现，在员工持股计划制度设计差异影响下，其产生的效果明显不同，控制权分配过高、公平性较差、风险性较高时，员工持股计划反而抑制企业全要素生产率。因此，在针对员工持股计划实施企业进行投资决策和监管时，应综合考虑其条款设计合理性，分析其实践目的和潜在结果，进而做出理性决策。本书为投资者和监管部门如何对企业员工持股计划做出理性判断提供了数据支撑。

二、核心概念界定

（一）员工持股计划

员工持股制度最早起源于美国。1958 年，美国律师路易斯·凯尔索（Louis O. Kelso）主张让劳动者持有企业股权，以获得资本收益。随后员工持股制度在美国逐步得到推广和完善。我国于 20 世纪 80 年代引进这一制度。分析员工持股计划的内涵，对于理解其功能和作用机理具有关键意义。对于员工持股计划的内涵，学者们从不同视角提出了不同的观点，主要包括以下几种：

第一，部分学者从股权关系视角分析员工持股计划，认为员工持股计划丰富了企业股东类型，是对企业股权结构的调整。员工持股计划实施后，员工认购公司股份，成为企业的股东之一，有权分享剩余索取权（周才堂和汪雪峰，2000；尹智雄，2001；谢刚等，2003）。在这种观点下，学者们鼓励企业通过员工持股达到利益绑定、共同治理的目的，认为员工持股计划是推进企业管理现代化的创新型制度变革。我国混合所有制改革鼓励国有企业混改引进员工持股计划，正是基于 ESOP 能调整国企股权结构的视角。

第二，部分学者认为，员工持股计划是一种与员工进行利益分享和利益绑定的公司治理机制，能产生监督、激励的治理效应。相关文献从员工持股计划能治理委托代理关系的视角展开探讨。例如，张孝梅（2016）认为员工持股计划是一种长期激励制度，员工在持有公司股票后，更关注企业长期价值而减少短视，并积极参与企业经营决策活动；李昕（2000）认为，员工持股计划产生的利益分享机制主要是为了吸引和留住人才；孟庆斌等（2019）则认为员工持股计划的本质在于实现员工与企业、员工与股东之间的利益绑定，进而提高工作积极性和团队协作意愿（Hochberg and Lindsey，2010），产生集体激励效应（李韵和丁林峰，2020）。

第三，还有部分学者从员工的个人立场进行分析，认为员工持股计划是员工个人的投资活动，能拓宽收入来源渠道，增加个人财富。例如，陈淮（2000）认为可以将员工的管理能力、技术水平等无形要素通过员工持股的方式量化；王珏（2002）则提出"劳者有其股"，认为劳动要素是实现产出的重要组成部分，劳动者有权以劳动要素作为资本分享企业产出剩余；陆春燕（2002）认为员工持股计划是通过对产权重新配置实现收入再分配的机制。

综上可知，员工持股计划具有多重含义和多种效应。由于员工持股计划是企业根据自身需求自主决定的，本书将员工持股计划定义为：由企业主张、员工自愿参与，通过使员工持有公司股份，形成股权重新配置、利益绑定、监督激励等多重效应的治理机制。具体地，我国员工持股计划具有以下特点：

首先，劳动和资本的统一。员工持股计划实施后，持股员工的人力资本价值（劳动价值）在企业中得以"股份化"（王震良和崔毅，2003），员工不仅是企业中为别人做嫁衣的单纯劳动者，而且成为企业部分所有者，享有与其他股东一样的剩余索取权，实现了劳动和资本的统一。

其次，利益绑定功能。员工持股计划具有参与主体广泛、由专门机构统一管理的特点。无论是改革开放初期，还是在新时代下，员工持股计划的参与对象通常包括企业较多数的员工，新时代以来更加强调非高管员工的普遍参与。广泛的参与群体使员工与企业、员工与股东的利益绑定在一起，能缓解员工之间、员工与股东之间、员工与企业之间的委托代理问题

（孟庆斌等，2019）。同时，员工持股计划主张由工会或专门机构统一管理，员工持股计划成为一个整体，避免了员工随意、独立买卖股票行为，使员工之间的利益较稳定地保持在一起。

再次，长期激励和集体激励效应。员工持股主要目的是建立对员工的长效激励机制，通过设置一定锁定期，使企业与员工利益在锁定和持有期内保持较稳定的一致性，促使员工更关注企业长远价值，也更愿意积极贡献个人价值，形成长期激励效应。同时，较广泛的参与人员、统一管理的制度设计有利于成员之间信息共享、相互监督，从而提高团队价值，产生集体激励效应。

最后，收益风险性。员工持股计划主张员工自负盈亏、风险自担，因此，在获得收益的同时也面临潜在的风险。在股价相对稳定、采取非杠杆方式开展 ESOP 的企业中，持股员工的收益和风险基本呈对称性，但也有部分企业在实施过程中采用杠杆融资方式，将 ESOP 分为优先级和劣后级，导致 ESOP 这一资产管理计划中的资本投资者权益不对等。其中，借款融资的资金部分享有优先收益权，而其余参与认购的普通员工承担较高的股市风险并享有同等收益权，但股价下跌时，员工面临的损失被扩大。

（二）企业全要素生产率

生产率（Productivity）是指每一单位投入所带来的边际产出贡献，用于衡量经济活动中投入与产出之间的数量关系。该指标根据要素投入数量可划分为单要素生产率和全要素生产率。单要素生产率是指经济活动的总产出水平与单一生产要素之比，即假设其他要素投入不变的前提下，增加某一特定生产要素对总产出水平提升的影响。法国经济学家魁奈（Francois Quesnay）最早从这一视角分析农业领域的劳动生产率水平，后来亚当·斯密（Adam Smith）将这一概念拓宽到所有行业，并指出劳动生产率的提高和国民经济的增长依赖于社会分工的不断发展。随后，从这一概念逐渐衍生出了资本生产率、设备生产率等单一要素生产率指标，并受到学者的广泛关注。

然而，第二次世界大战后，单一生产率指标逐渐受到理论和实践的双重挑战。Davis（1955）提出，评价一项投入产出活动是否有效率，应该综合考虑资本、劳动等所有参与到生产活动中的要素。在此基础上，学者们提出了区别于单要素生产率的指标，即全要素生产率。

Solow（1957）首次构建了生产函数模型，将资本 K、劳动 L 及技术 A 作为总产出 Y 的解释变量，并同时放置在模型中。由于资本和劳动是较容易测量的有形要素，技术属于较难测量的无形要素，其将模型中的残差界定为技术要素，认为总产出中剔除资本和劳动所带来的增长后的剩余部分即为技术进步所做出的贡献（即索洛余值法），并将其定义为全要素增长率，以此为基础衡量技术进步对美国经济增长的贡献。之后的学者普遍将全要素生产率等同于技术进步，并通过放宽要素同质性假定、构建超越对数生产函数等从理论和方法上对索洛余值法进行了深化和发展（Harrod and Denison，1969；Jorgenson and Griliches，1967）。这些学者的研究虽存在差异，但普遍将全要素生产率的增长视为技术进步。然而，除要素投入之外带动经济增长的因素不仅包括技术进步，还包括市场竞争、制度创新、产业结构优化等。我们认为，全要素生产率本质上是一种资源配置效率，技术进步是全要素生产率提升的来源之一，但并非影响经济发展质量的全部因素（Aigner and Chu，1968；蔡昉等，2018）。

全要素生产率是指总产出与所有生产要素的比例关系，通常被用于衡量资本、劳动等有形要素无法解释的产出增长，包括技术进步、管理效率、规模效应等因素对产出所做的贡献（程惠芳和陆嘉俊，2014）。在资源禀赋约束增强、人口红利逐渐消失的背景下，依赖要素投入拉动经济增长的模式已不再适应经济高质量发展的要求，经济发展必须更加注重全要素生产率的提高。已有大量学者以全要素生产率指标来衡量和评价国家宏观经济发展质量。Young（1995，2000）通过计算中国和东亚国家的全要素生产率水平发现，中国和东亚国家的全要素生产率较低且增长缓慢，经济增长受投资水平和人力资本要素的影响较大。Brandt 等（2012）的研究开始将全要素生产率扩展到企业层面，并通过计算企业全要素生产率指标分析中国工业企业发展水平。

（三）要素市场

要素是生产经营活动过程中可利用的各种经济资源的统称，生产要素在不同生产部门之间的流动即要素配置过程。由于要素的稀缺性，生产要素被作为商品进行交换和买卖，以实现资源配置，而这种以商品交易方式把生产要素的需求和供给联系起来的经济关系就被称为要素市场（Van Bavel et al.，2009；张臻，2018）。要素市场是资源配置的基础和决定性因素，要素市场的配置水平影响企业获取资源的能力和成本，进而影响企业资源配置效率。资本、劳动是最常见的生产要素。根据传统要素类型，要素市场可分为资本要素市场和劳动力要素市场。

1. 资本要素市场

资本要素市场是指由各种融资活动组成的市场，是影响企业融资能力的关键。股权融资和债务融资是当前企业融资的两大关键途径，因此，资本要素市场也可划分为股票市场和债务融资市场。

股票市场是股票发行和交易的场所，股份公司向社会发行股票，从而筹得资金，而股票的流通、买卖过程所带来的股价波动能反映市场供求、行业情景和企业发展实力的变化，股票市场投资者根据股价波动情况评价企业发展实力，并据此做出股票买卖决策。因此说股票市场是连接实体企业与股市投资者的媒介，是股票市场投资者进行股票买卖决策进而影响企业融资能力、反哺实体企业的关键因素（Edmans，2014）。然而，受股票市场发展程度和投资者能力差异的影响，股价波动中包含的企业发展实力的信息含量有所不同，进而会影响股市投资者的判断。因此，资本市场能否更好地反哺实体经济，关键在于股价波动对企业价值和发展潜力的敏感性，即股价同步性（Wang and Yu，2013）。

债务融资市场也称金融市场，是指货币资金的借贷、金融工具的发行与交易活动所形成的市场，是决定企业债务融资能力的资本要素市场。企业的债务融资渠道主要依赖金融机构为企业提供的借款支持，金融机构通过动员、汇集零散储蓄为大规模、长期的投资提供融资，金融机构的发展导致资金供给的增加，使资金供给更加充分，提高了企业债务融资能力（Levine，1997；解维敏和方红星，2011）。

2. 劳动力要素市场

劳动力要素市场是指劳动力所有者个体与使用劳动力要素的需求企业之间，通过沟通、契约签订、制度安排等方式形成劳动交换的供给关系（Bobba et al.，2020）。劳动力市场肯定了劳动力要素对生产经营和产出活动的贡献和价值，因此，将其视作一种可以进行交换、买卖的商品。劳动力要素市场可划分为外部劳动力市场和内部劳动力市场。

外部劳动力市场是指市场上所能提供的所有劳动需求方（企业雇主）和劳动供给方（劳动者）之间的相互关系。常见的劳动力市场概念即外部劳动力市场。企业员工是劳动力市场中劳动要素的组成部分，外部劳动力市场的供求和竞争关系影响员工在企业中的议价能力和离职倾向，是企业能否发挥员工积极性的重要影响因素（詹宇波等，2012；盛丹和陆毅，2016）。

内部劳动力市场是相对外部劳动力市场而言的，是指存在于企业内部，因雇佣双方签订契约而形成受约束的组织的一种内部关系（胡浩志，2015）。内部劳动力市场中存在具有不同禀赋的人力资本，人力资本禀赋的高低差异使员工对企业发展产生不同的边际贡献，人力资本禀赋越高，对企业全要素生产率提高的重要性也越高。

三、员工持股计划的制度演变

（一）国外员工持股计划的制度及实践发展

员工持股计划最早起源于美国，并最早得到政府官方认可。随后

ESOP 的制度在西欧、日本等资本主义国家得到推广。国外员工持股计划的发展大致经历了以下几个阶段：

（1）初步提出。1958 年，路易斯·凯尔索（Louiso O. Kelso）与哲学家莫蒂默·阿德勒（Mortimer J. Adler）在其著作《资本主义宣言》（*The Capitalist Manifesto*）中提出双因素经济论。该理论指出，资本和劳动都是生产要素，都对产出具有一定的贡献价值，因此，有权根据贡献大小参与利润分配。随着技术进步，劳动要素对产出的贡献将逐渐下降，资本要素在市场中的地位会逐渐提升。这一趋势可能加剧社会贫富差距，导致广大劳动者陷入贫困，削弱大众购买力，进而威胁社会稳定。为此，凯尔索提出扩散资本所有权，让广大家庭通过资本所有权参与生产并获得相应的收入。这一思想为 ESOP 的提出奠定了基础，但在初期并未获得重视。1967 年，凯尔索等进一步提出资本所有权扩散机制，即员工通过他们拥有的资本要素获得"第二个收入"的机制。在这一机制中，凯尔索鼓励由金融机构为参与 ESOP 的企业员工提供购买企业股票的资金支持，再利用股票获得的收益来偿还贷款本息。凯尔索的这一思想即为员工持股计划。

（2）政策规范。1973 年，凯尔索结识了卢塞尔·朗（Russell Long），在其支持下，美国国会于 1974 年审核通过了《职工退休收入保障法》，并对员工持股计划实施条款进行了细化和法律规范（李政和艾尼瓦尔，2016）。该法案指出，ESOP 是员工增加个人财富的合法渠道，允许贷款资金支持下的企业开展 ESOP。法案同时提出，对企业捐赠给 ESOP 的资金提供税收减免优惠，以鼓励 ESOP 的实施。法案颁布后第二年（1975 年），有近 1500 家企业实施了员工持股计划，参与总人数超过 20 万人。此后，为适应企业 ESOP 的发展，美国政府相继出台并修正了多项涉及员工持股计划的法案，如《税收减免法》（1975 年）、《经济复苏法》（1981 年）、《税制改革法》（1986 年）等。这些法案为员工持股计划在美国的长足发展提供了制度保障。

（3）广泛推广。受美国一系列有关 ESOP 立法的支持，员工持股计划在美国各大企业得到普遍推广和不断发展，逐渐成为美国比较流行的员工所有制形式。根据美国员工持股中心（National Center for Employee Ownership，NCEO）统计，截至 2018 年 12 月 31 日，美国共有 6416 家员工持股企业，14071987 位持股员工，持有的股份价值 14566.62 亿美元，持股员工的数量与股份价值逐年增长。其中，2018 年新增 279 个员工持股计划实施企业，37000 位持股员工。[①] 与此同时，西欧、日本等资本主义国家和地区也纷纷效仿，并明确了员工持股计划的法律地位，规范了 ESOP 相关政策文件。

（二）我国员工持股计划的制度及实践发展

在美国员工持股计划逐步推广并平稳发展的基础上，我国也逐步引进员工持股计划。但是，我国员工持股计划的实践不如美国顺利。本节将我国 ESOP 的实践过程从时间跨度上分为两个阶段。在这两个阶段中，我国市场环境、政府及企业实施目的等都存在较大差异。为此，本书对两个阶段的员工持股计划制度分别进行梳理。

第一阶段为改革开放初期。这一阶段，我国刚刚开始股份制改革，员工持股计划以集资、股份制改革为主要目的。由于美国员工持股计划刚刚引进中国，国内外 ESOP 实施土壤的差异和我国市场环境的不健全，ESOP 在实践过程中存在较多问题。早期的员工持股计划从 1984 年开始，并在 2002 年被紧急叫停，具体地，可细分为以下四个阶段：

（1）初步探索（1984~1991 年）。我国最早的员工持股可追溯到 20 世纪 80 年代。1978 年 12 月，党的十一届三中全会提出将党的工作重心转移到经济建设上来，鼓励推进市场化改革。随着改革的深入，我国企业所有权缺位、效率低下、国有资产流失等问题逐渐显现。为了明晰产权，我国于 1984 年开始推行企业股份制改革，提出允许员工通过入股企业的形式参与企业股份制改革。初步探索阶段的内部职工持股以为企业筹措资金、搞活企业为主要目的，鼓励职工大范围参与，但忽略了股权结构、股份对应权责划分等问题（卢江和李萌萌，2019）。截至 1991 年底，以内部职工

---

① 数据来源于 NCEO 网站：https://www.nceo.org/articles/employee-ownership-by-the-numbers。

持股方式开展股份制改革的企业占比超过85%，这一方式对于我国改革开放初期的股份制改革具有重要作用。

（2）规范推广（1992~1998年）。1992年，邓小平的南方谈话掀起了我国新一轮的改革浪潮，我国各股份制改革企业出现了推行员工持股计划的高潮。截至1993年6月，超过1700家企业尝试员工持股计划，ESOP持股总额达到近235亿元。深圳作为我国改革开放试点的典型地区，于1994年和1998年先后颁布了《关于内部员工持股制度的若干规定（试行）》和《深圳市国有企业内部员工持股试点暂行规定》，逐步全面推进员工持股计划，并取得了良好成绩。在政策颁布的四年时间里，深圳市共有57家企业完成了员工持股试点，110家企业在改制阶段（黄群慧等，2014），为我国其他地区股份制改革提供了成功示范。

（3）弊端显现和叫停（1998~2002年）。在达到员工持股计划实施高潮的同时，我国内部职工持股制度的弊端逐渐显现，职工股在流通过程中出现超范围发行、私下转让等一系列不规范现象。同时，为达到激励员工参与的目的，职工持股制度实施过程中，企业职工均按10%的比例进行配股。过低的认购成本诱使持股职工购买职工股后择时抛出，从中赚取价差收益，进一步导致职工私下转让、股权混乱现象（卢江和李萌萌，2019）。这些现象不仅对股票市场造成了冲击，也背离了ESOP"搞活企业、长期激励"的目标。随后，国家经济体制改革委员会和证监会于2002年先后发文，宣布停止发行内部职工股和公司职工股。

（4）向股权激励演变（2002~2012年）。企业内部职工股被暂停发行后，员工持股的激励制度逐渐向股权激励制度演变。2005年，《中华人民共和国公司法》明确规范了员工持股的方式，规定股份有限公司可以将股份奖励给有关键贡献的职工，并对奖励份额、股权激励比例等做出限制性规定。此后的企业股权激励手段主要面向董事、监事等高级管理层员工，并对缓解管理层与股东代理问题、激发管理层积极性发挥了积极作用。为进一步改善上市公司治理结构，推进我国资本市场有序、健康发展，证监会发布了《上市公司股权激励管理办法》，规定上市公司参与股权激励的激励对象应为企业的高层管理人员与优秀技术骨干，员工持股的参与范围被进一步限制。

第二阶段为 2012 年至今。这一阶段，员工持股计划以改善公司质量、优化资源配置为主要目的。

（1）初步推行和试探（2012~2014 年）。2012 年 8 月，证监会发布了《上市公司员工持股计划管理暂行办法（征求意见稿）》（以下简称《暂行办法》），明确了新时期员工持股计划的内涵。员工持股计划是指上市公司根据员工意愿，将应付员工工资、奖金等现金薪酬的一部分委托资产管理机构管理，通过二级市场购入本公司股票并长期持有，股份权益按约定分配给员工的制度安排。《暂行办法》是我国首次对员工持股计划发布的比较全面的规范性文件。随后，党的十八届三中全会鼓励形成资本和劳动共同体，充分激发员工积极性，进一步鼓励了员工持股计划的推进。与早期职工持股制度相比，新时期员工持股计划以实现资本和劳动的利益共同体、改善公司治理结构、促进资源优化配置为主要目的。但这一阶段并没有企业将员工持股真正投入实践。

（2）正式制度规范阶段（2014~2016 年）。2014 年 6 月，证监会发布《关于上市公司实施员工持股计划试点的指导意见》（以下简称《指导意见》），在 2012 年《暂行办法》的基础上对员工持股计划的实施方案进行了修缮。《指导意见》发布后，上市公司员工持股计划正式开始实施，最早为 2014 年 7 月 10 日深圳市海普瑞药业集团股份有限公司（股票代码为002399）发布《员工持股计划草案》，并于 2014 年 9 月 19 日完成购买。这一阶段员工持股计划以非国有企业实施为主。截至 2020 年 2 月 24 日，有约 894 个年度-非金融企业完成了员工持股计划的实施。

（3）国企规范化（2016~2017 年）。2013 年，党的十三届三中全会首次提出"允许混合所有制经济实行企业员工持股制度"，员工持股计划成为我国混合所有制改革的中坚力量。2013 年 2 月初，国务院批转国家发展和改革委员会、财政部、人力资源和社会保障部制定的《关于深化收入分配制度改革的若干意见》，也提出支持有条件的企业实施员工持股计划。

2015 年 8 月 24 日，中共中央、国务院《关于深化国有企业改革的指导意见》中再次提出鼓励个别企业先行展开试点，通过员工持股建立长期长效激励机制，在试点取得经验的基础上逐步向其他国有企业推广。上述政策文件的出台形成了我国混合所有制企业和上市公司推行员工持股计划的顶层设计，为国有企业开展 ESOP 提供了一定的政策依据。然而 2016 年之前的文件都只是从原则上鼓励了国有企业 ESOP 的实施，指导性较弱。2016年，国务院国有资产监督管理委员会（以下简称"国资委"）进一步颁发《关于国有控股混合所有制企业开展员工持股试点的意见》，对混合所有制企业 ESOP 提供了相对具体的指导意见。其中，对参与持股人员的范围、持股比例等都做出了不同于普通上市公司《指导意见》的规定。

（4）完善阶段（2017 年至今）。在达到 2016 年的高潮期后，受员工持股计划爆仓现象居多的影响，监管部门开始高度重视员工持股计划中存在的风险，并提出进一步完善治理制度。2017 年 11 月 17 日，为有效防范金融风险，增强金融服务实体经济的能力，促进多层次资本市场健康发展，中国人民银行、中国银行保险监督管理委员会（以下简称"银保监会"）、证监会等部门联合发布了《关于规范金融机构资产管理业务的指导意见（征求意见稿）》，规定资产管理计划的杠杆比例不得超过 1∶1，不少企业因杠杆设置不合理而中止员工持股计划的实施。2018 年 6 月，证监会发布《关于试点创新企业实施员工持股计划和期权激励的指引》。2019 年 11 月，深圳证券交易所发布《深圳证券交易所上市公司信息披露指引第 4 号——员工持股计划》，对实施员工持股计划的深证 A 股上市公司信息披露提出具体要求。2020 年 8 月，证监会发布《非上市公众公司监管指引第 6 号——股权激励和员工持股计划的监管要求（试行）》，进一步规范挂牌公司 ESOP 的监管和信息披露。

（三）国内外员工持股计划实施方式对比

国内外员工持股计划在实施方式上存在较大差异。表 1-2 对比了美国、西欧国家、日本及中国不同阶段员工持股计划的实施方式。

表1-2 国内外员工持股计划实施方式对比

	参与人员	资金来源	股票来源	风险性	管理方式	优惠政策
美国	所有年满21周岁的全职员工（包括管理层和普通职工）均有资格参加	由企业捐赠或由企业向金融机构借款购买；未来的资金来源由企业利润进行偿还	股东捐赠或转让	推行初期以杠杆式为主，后期以非杠杆式为主	由信托机构统一管理，还清贷款本息后，再逐步转入员工个人账户	政府提供税收减免支持
西欧国家	所有全职员工（包括管理层和普通员工）	员工个人储蓄；企业捐赠或担保借款	股东捐赠或转让	杠杆式为主	构建独立信托基金进行管理	政府提供税收减免支持
日本	以除高管外的普通员工为主，不要励管理层参与	企业自有资金；员工借款购买	股东捐赠或转让	非杠杆式为主	构建独立信托基金进行管理	无税收优惠支持
中国第一阶段	所有内部职工	员工现金出资；股东担保，向银行等金融机构贷（借）款购股	定向募集	非杠杆式为主	员工自行持有，自行管理	无税收优惠相关政策
中国第二阶段	符合条件的全职员工。国有混改企业ESOP参与人员须满足：①科研人员；②经营管理人员；③业务骨干。其中不包括：党委任命的国企领导干部，外部董事，监事（含职工代表监事）等	员工自有资金；大股东借款支持；企业融资支持；奖励金；其他	公司回购；二级市场购买；非公开发行股票；股东自愿赠予；其他	杠杆式和非杠杆式以非杠杆式为主	选举持有人代表履行ESOP职责，选聘专业机构进行资产管理	无税收优惠相关政策

资料来源：笔者整理所得。

第一，美国 ESOP 根据资金来源方式可分为两类：其一为杠杆型 ESOP（Leveraged ESOP），即以金融机构提供的借款资金购买企业股票，再以后期股票收益偿还借款利息的员工持股形式；其二为非杠杆型 ESOP（Non-leveraged ESOP），即不允许金融机构为 ESOP 提供贷款支持，以由企业提供股票奖励、捐赠的方式展开的员工持股形式。其中，杠杆式员工持股计划是凯尔索极力倡导的形式。美国员工持股计划主要呈现如下特征：①参与人数上，企业员工普遍参与，所有年满 21 周岁的全职员工（包括管理层和普通职员）均有资格参加。②资金来源上，员工无须自己出资购买公司股票，ESOP 信托的股票由企业捐赠或由企业向金融机构借款获得的资金来购买。未来借款的本息由企业利润进行偿还。③持有和管理方式上，员工持股计划由信托机构统一管理，还清贷款本息后，再逐步转入员工个人账户。④税收优惠上，无论是企业捐赠还是因贷款产生的利息支出，政府对此部分进行税收减免，以支持企业实施员工持股计划。

整体来看，美国员工持股计划实施过程中，持股职员基本不承担风险，也不会因认购 ESOP 而减少可支配的薪酬，更像是具有普惠性质的福利性计划和对固有薪酬的补充，与凯尔索提出的"双因素理论"相契合。截至 2018 年，美国实施员工持股计划的企业中，杠杆型 ESOP 有 3149 家企业，占比约 49%，非杠杆型 ESOP 有 3267 家企业，但当前非杠杆型 ESOP 多为最初实践的影响，近年来新创建的 ESOP 占比达到约 2/3。在美国实施员工持股计划的企业中，制造业、信息技术行业及金融、保险及房地产行业占比最高，依次为 22%、19%、15%。①

第二，西欧国家员工持股计划以杠杆式 ESOP 为主，参与人员包括管理层和普通员工，同样构建单独的信托基金对 ESOP 进行管理，与美国的主要差别在于员工认购 ESOP 的资金一部分来源于企业捐赠或担保借款，还有一部分由员工个人储蓄收入来负担。因此，相比美国，西欧国家 ESOP 的福利性较弱。

---

① 资料来源于 NCEO 网址：https：//www.nceo.org/articles/employee-ownership-by-the-numbers。

第三，日本的员工持股计划不同于美国和西欧。主要区别在于：首先，实施方式上，日本 ESOP 以非杠杆型为主；其次，实施对象上，日本 ESOP 的参与者以除高管外的普通员工为主，不鼓励管理层参与；最后，政策优惠上，日本政府并未对 ESOP 提供税收优惠支持。

第四，国内第一阶段员工持股计划。这一阶段的职工持股以实现资金募集、搞活企业为主要目的。由于改革开放初期我国资本市场发展不够健全，ESOP 发行股票以定向募集为主要形式，由职工自行出资，并由持股人单独持有。

第五，国内新阶段员工持股计划。这一阶段的员工持股计划以优化资源配置、改善公司治理水平为主要目的。为鼓励员工积极参与，ESOP 的资金来源除员工以个人薪酬出资外，企业大股东会为其提供借款或融资支持；ESOP 股票来源可采取竞价交易、二级市场认购、非公开发行等多种方式；为避免私下转让等弊端，ESOP 由持股委员会统一管理。

可见，国内外员工持股计划在资金来源、股票来源、管理方式等方面均存在较大差异，因此，进一步探究我国新时期员工持股计划的实践效果有其必要性。

四、研究目标、内容及框架

（一）研究目标

本书研究目标在于深入探究我国上市公司实施员工持股计划对企业全要素生产率的影响，并进一步分析要素市场影响下员工持股计划的有限适用性，进而为合理设计员工持股计划、提升微观经济发展质量提出相应政策建议。具体包括以下四个方面：

第一，弄清楚企业实施员工持股计划与企业全要素生产率的关系，揭示员工持股计划的影响机理与传导路径。

第二，基于蛋糕分配理论，划分员工持股计划的关键要素，依次验证不同要素对企业全要素生产率的影响差异，从而发现员工持股计划发挥治理作用的关键途径，为我国企业进一步完善员工持股计划制度设计提供参考。

第三，全要素生产率的提升需要资本、劳动、技术、管理等各项要素的协同配合。员工对企业的贡献也依托于资金支持和人力资本禀赋。本书进一步分析资本市场、劳动力市场在员工持股计划与企业全要素生产率关系中的调节作用，明确它们之间的相互作用，从而为优化市场环境、提高市场资源配置效率、高效发挥员工持股计划的积极效应提供理论支撑。

第四，在揭示员工持股计划、要素市场与企业全要素生产率之间的互动影响机理的基础上，为进一步完善员工持股计划实施环境、改善企业发展质量提出政策建议。

（二）研究内容

本书以2010~2018年中国沪深A股非金融上市公司为研究样本，对员工持股计划实施与否对企业全要素生产率的整体影响进行理论分析和实证检验；在此基础上，基于蛋糕分配理论，将各企业员工持股计划制度设计关键条款划分为控制权条款、公平性条款和风险性条款，依次检验制度设计差异对企业全要素生产率的不同影响；进一步分析资本市场中股票市场发展水平、债务融资市场水平与内外部劳动力市场中工资议价能力、人力资本禀赋对上述关系的调节效应。具体包括以下几方面：

首先，员工持股计划是一种具有激励和治理双重效应的创新型管理模式，其区别于传统股权激励的关键在于允许包括管理层在内的所有员工参与其中。这一模式能形成普通员工、管理层与企业资本的利益统一体，有利于构建资本、劳动相互依赖的整体，因此，员工持股计划能产生对资源的优化配置功能。本书分析员工持股计划对企业内部资源的整合利用功能，实证检验员工持股计划对企业全要素生产率的影响及治理路径。

其次，企业员工持股计划的条款设计存在差异。根据蛋糕分配理论，本书将关键条款划分为控制权条款、公平性条款和风险性条款，并分别检验制度设计差异对企业全要素生产率及创新、金融资产配置两条治理路径产生的不同影响。

再次，探究资本要素市场对员工持股计划与企业全要素生产率关系的调节效应。资本要素市场包括股票市场和债务融资市场。第一，股票市场中股价信息含量代表股价与企业价值的关联度，因此，员工持股计划实施后，股价信息含量直接与持股员工个人收益挂钩，股价信息含量越高的情况下，员工持股计划对企业全要素生产率的提升效果越好。第二，债务融资市场能为企业发展提供资金支持，充足的资金能为企业发展提供物质支撑，但过度将资金集聚在某一单位的现象又可能导致资源扭曲，不利于资源的合理配置。因此，本书将检验股票市场和债务融资市场发达程度对员工持股计划与企业全要素生产率关系的调节作用，并进一步检验资本要素市场对控制权、公平性和风险性与企业全要素生产率关系的影响。

最后，探究劳动力要素市场对员工持股计划与企业全要素生产率关系的调节效应。劳动力要素市场分为劳动力内外部市场环境。第一，劳动力外部市场表示市场中劳动力要素的竞争环境，竞争越激烈，劳动力议价能力越高，此时企业员工的稳定性下降。稳定的员工团队是企业实现可持续发展的人力基础。第二，劳动力内部市场衡量企业内部的人力资本禀赋，人力资本禀赋越高，员工能为企业发展提供的贡献越大，实施员工持股计划能充分激发团队协作性，使其产生较大的边际贡献。因此，本书将检验劳动力市场对员工持股计划与企业全要素生产率的调节效应，并进一步检验劳动力内外部市场环境对控制权、公平性和风险性与企业全要素生产率关系的影响。本书各章节内容安排如图1-2所示。

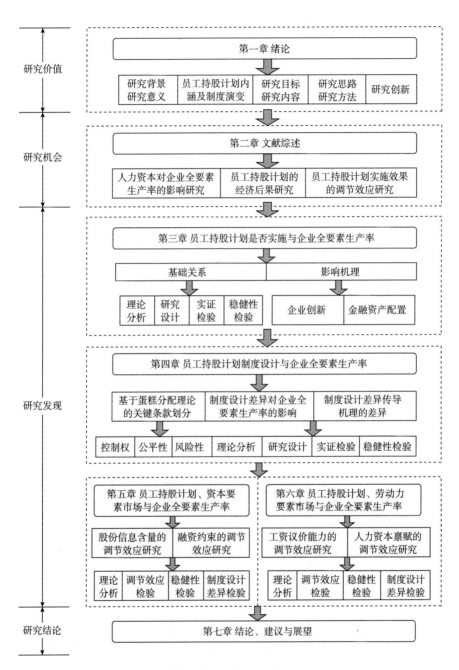

图 1-2 本书内容安排

资料来源：根据研究设想用 VISIO 软件自行绘制。

五、研究思路及研究方法

（一）研究思路

本书旨在探究员工持股计划与企业全要素生产率的内在联系。研究思路具体为：首先，基于委托代理理论和共生治理理论，探究员工持股计划与企业全要素生产率的一般关系，并探究员工积极性和监督治理作用在其中的中介效应；其次，基于蛋糕分配理论，依次将员工持股计划关键条款分为控制权条款、公平性条款和风险性条款，并检验制度设计差异产生的不同效果；最后，从资本、劳动要素协同性视角，探究资本要素市场、劳动力要素市场对两者关系的调节效应，分析宏观环境与微观企业的协同效应。本书研究思路具体如图 1-3 所示。

（二）研究方法

本书在研究过程中注重规范研究与实证研究相结合，通过对员工持股计划与企业全要素生产率关系的相关文献进行梳理，归纳新时代背景下员工持股计划的内涵特征及研究不足，并通过实证检验探究员工持股计划对企业全要素生产率的影响机理以及资本要素市场与劳动力要素市场对两者关系的调节效应。具体的研究方法包括以下几种：

（1）文献研究法。本书通过搜集相关数据库、书籍、文件等梳理国内外员工持股计划制度差异及演变过程，从人力资本与企业全要素生产率的关系、员工持股计划的经济后果、员工持股计划实践效果的影响因素等视角对现有文献进行梳理和综述，从而确定本书的研究问题。

（2）归纳演绎法。首先，本书在对相关概念内涵、员工持股计划制度

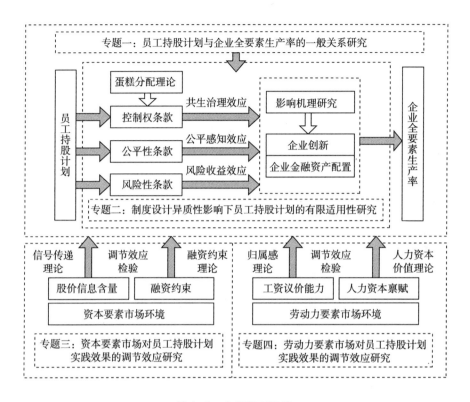

图 1-3 本书研究思路

资料来源：根据研究设想用 VISIO 软件自行绘制。

背景进行梳理的基础上，归纳新时代背景下我国员工持股计划的内涵特征及其与国外文献中的员工持股、我国早期职工持股的本质区别，发现相关领域的研究空间，突出本书研究的重要性和必要性；其次，在对员工持股计划条款进行归类的过程中，本书基于对蛋糕分配理论的归纳总结，从分配合理性视角将条款划分为控制权条款、公平性条款和风险性条款，为后文的深入研究奠定了基础；最后，在梳理文献的基础上，本书运用相关文献分析员工持股计划、要素市场环境与企业全要素生产率之间的逻辑机制，为实证研究奠定理论基础。

（3）实证检验方法。在实证研究阶段，本书运用了多种实证检验方法：第一，多元线性回归方法（OLS 法）。为验证员工持股计划实施与否、制度设计差异与企业全要素生产率的基础关系，本书构建了多元线性回归模型进行 OLS 线性回归，采用中介效应递归模型揭示其中的影响机理。第二，倾向得分匹配（Propersity Score Matching，PSM）方法。员工持股计划具有自选择性，企业会根据自身特征决定是否实施员工持股计划，这可能导致实验组和控制组企业在受员工持股计划政策影响之前存在企业规模、公司治理结构、盈利能力等方面的显著差异性，并带来企业全要素生产率的差异。为克服样本自选择偏误对研究结果的影响，本书在进行 OLS 回归之前采用倾向得分匹配方法对样本进行筛选。第三，调节效应检验。为验证股价信息含量、融资约束、工资议价能力与人力资本禀赋对员工持股计划与企业全要素生产率关系的影响，本书构建了含交乘项的调节效应模型进行检验。此外，为保证研究结论的稳健性，本书还采用面板固定效应和随机效应模型、工具变量法、两阶段最小二乘法（2SLS）等实证检验方法进行稳健性检验。

六、研究创新

本书可能的研究创新如下：

（1）以改善企业发展质量为出发点和落脚点，运用国内上市公司样本深入探究员工持股计划对全要素生产率的影响及作用机理，弥补了国内员工持股计划经济后果研究的不足。经济由高速增长阶段向高质量发展阶段的转变意味着我国更加追求效率提高、质量提升，更加关注全要素生产率。已有文献对员工持股计划经济后果的研究，侧重对企业绩效、创新等产出的关注，忽略了员工持股计划对资源配置的协调性和整合性影响。本书揭示了员工持股计划具有改善资金、管理层和普通员工关系的协同效应，能提高资源配置效率和企业全要素生产率，并进一步深入探究要素差异对全要素生产率产生的不同影响，拓展和完善我国员工持股计划经济后果的研究框架，为员工持股计划和企业全要素生产率两者关系的研究提供了更全面的视角和思路。

（2）本书分析了员工在企业中所扮演的角色和地位，探究员工与企业利益绑定所产生的积极效应，从普通员工立场揭示人力资本对企业全要素生产率的价值。随着知识经济时代的发展，人力资本越来越体现出其"掌控经济活动"的能力，然而现有文献多关注企业家、管理层等具有关键职位的人力资本价值，忽略了普通员工在企业生产、经营及决策活动过程中的执行和监督作用。黄荷暑和江鲍昌（2020）虽然分析了员工持股计划对企业全要素生产率的影响，但并未区分管理层和普通员工的不同作用。本书通过分析员工持股计划对员工与企业的利益绑定关系，揭示了普通员工人力资本对提高企业全要素生产率的作用，拓展和完善了人力资本价值与企业全要素生产率关系的研究框架，加深了对员工在企业中所扮演的角色的理解和认知。

（3）员工持股计划不仅是对员工的激励治理手段，也是企业对收入和利润的再分配手段，员工持股计划的具体制度设计体现企业的分配理念。已有文献多从宏观经济层面探究收入的分配问题，鲜有关注员工持股计划分配方式产生的不同影响。本书基于蛋糕分配理论，将关键条款分为控制权条款、公平性条款和风险性条款，为后文深入探究员工持股计划制度设计差异对企业全要素生产率的不同影响提供了分类依据和实证基础。

（4）本书深入挖掘要素市场对员工持股计划与企业全要素生产率关系所产生的调节效应，拓展了要素市场环境与微观经济行为之间的互动关系研究。全要素生产率的提高要求各生产要素的高效配合。作为资源配置的决定性因素，要素市场发展水平高低是企业能否提高人力资本边际贡献的关键约束条件。本书深入探究资本要素市场和劳动力要素市场环境差异对员工持股计划与企业全要素生产率关系的影响，从要素市场层面分析员工持股计划的有限适用性，拓展了要素市场环境与企业行为之间的互动关系研究范畴。

第二章

文献综述

一、人力资本对企业全要素生产率的影响研究

对于企业全要素生产率的影响因素，大量文献关注了市场化程度（Coe and Helpman，1995；Young，2003）、区域发展不均衡（毛其淋和盛斌，2011；Kinuthia，2016）、要素市场扭曲（Hsieh and Klenow，2009；Midrigan and Xu，2014；盖庆恩等，2015）等要素市场环境和重点产业政策（钱雪松等，2018）、财政政策调整（Bardaka et al.，2021）、"一带一路"（Peng et al.，2020）、税率改革（郑宝红和张兆国，2018）等政府宏观调控手段的影响。随着知识经济时代的发展和我国经济发展目标的转变，逐渐有文献开始关注企业人力资本的价值，指出人力资本具有"掌控经济活动"的能力，是推动经济增长的根本动力和根本源泉（Schultz，1961）。人力资本是一种能为企业经营、社会产出等带来增值贡献的劳动力综合素质，这种综合能力是由劳动力要素通过学校的正式教育、入职后的在职培训、工作中的"干中学"经验总结、社会交往过程等活动所积累的知识、技能、人际网络等的总和（Spratt，1975；汤吉军和戚振宇，2017）。现有文献主要从人

力资本数量、人力资本类型两方面研究人力资本对全要素生产率的影响。

（一）人力资本数量对全要素生产率的影响研究

1. 宏观视角

人力资本的差异是导致跨国之间经济增长和发展存在差异的关键因素（Lucas，1989；Manuelli and Seshadri，2014）。有学者从宏观层面研究人力资本数量与全要素生产率之间的关系，普遍提出人力资本数量的增多能提高宏观层面全要素生产率的观点（Miller and Upadhyay，2000）。Che 和 Zhang（2018）将中国 1999 年实施的高校扩招政策作为一种政策冲击，使用准自然实验统计方法研究，发现人力资本会促进企业加大研发投入和对新技术的关注度，进而提高企业生产率。另外，毛其淋（2019）、周茂等（2019）也以这一变化作为外生政策冲击，分析了人力资本对企业研发投入、产业升级的影响，发现高等教育改革扩张后，人力资本的增多显著提高了企业创新水平和生产率，促进企业升级。此外，也有研究发现人力资本集聚能产生积极作用，如苏华等（2020）研究了黄河流域各地区经济发展质量，发现人力资本的集聚促进了该地区经济发展，郭金花和郭淑芬（2020）的研究指出企业和高校创新型人才的集聚能大大促进地区全要素生产率提升。钱雪亚和缪仁余（2014）也指出人力资本的数量和配置结构是影响地区经济发展质量的关键因素，行业间劳动要素配置扭曲问题若得到改善，能提高社会总产量和全要素生产率（任韬等，2020）。

2. 微观视角

人力资本不仅对国家创新发展有着重要的作用，对微观企业生产率的提升也有着重要的推动作用（纪雯雯和赖德胜，2019），且有学者指出，人力资本对技术进步的贡献是影响企业全要素生产率的关键（Lee，2014）。人力资本数量的差异是导致不同行业企业全要素生产率差异的关键，因此学者们提出了"成本病"理论（Baumol，1967），指出服务业全要素生产率水平低于制造业，关键因素就在于服务业企业的劳动要素参与度较低，要素在部门间从低向高的流动有利于提高整体生产率（Oulton，

2001；Peneder，2003；崔敏和赵增耀，2020）。盖庆恩等（2015）则指出我国劳动力市场对人力资本的扭曲抑制了制造业企业全要素生产率约33.12%的提升空间，表明人力资本的重要地位。裴政和罗守贵（2020）基于对上海科技企业的跟踪研究发现，企业人力资本的规模与创新绩效显著正相关，表明人力资本数量对企业发展具有重要意义。

（二）人力资本类型对企业全要素生产率的影响研究

1. 企业家

企业家是企业组织的主导力量，具有勇于承担风险和不确定性的探险精神（张维迎和王勇，2019）。企业家运用自己的天赋发现市场不均衡产生的套利机会，并将企业资金配置到获利能力较强的领域，通过创新活动进一步突破原有均衡，进而提升企业全要素生产率。致力于研究企业家精神的德国学派（Schumpeter，1934）、奥地利学派（Acs et al.，2011）和芝加哥学派（徐远华，2019），都强调了企业家对经济增长的作用。此外，企业家年龄、才能对企业管理水平和业绩水平有异质性影响：40~50岁的企业家所在企业的生产率显著低于其他年龄段企业家所在企业的生产率（李唐等，2016），而企业家才能的发挥离不开营商环境的支持，只有达到一定水平的营商环境时，企业家才能对企业全要素生产率的促进作用才能得以发挥（薄文广等，2019）。

2. 管理层

吴建新和刘德学（2010）认为经济发展质量的改善仅依赖于高级人力资本。高管是企业活动的主要决策者，高管个人特征对企业全要素生产率提高的重要作用毋庸置疑。基于高层梯队理论和烙印理论的研究发现，具有金融背景或海外经历的CEO和高管风险承担意愿更强，具有更高的职业技能和投资决策能力，能够帮助企业提高创新水平和投资效率，从而提高企业全要素生产率（盛明泉等，2019；陈乾等，2020）。作为企业决策层，高管的金融资产配置、研发创新等决策行为对企业全要素生产率的影响也受到学术界广泛关注。首先，金融资产配置行为。相关研究得出两种相反的结论，部分学者提出"蓄水池"效应（Stulz and Christoph，2010），指出金融资产投资使企业获得更多可支配的资金，缓解企业融资约束，进而促进实业发展（Aivazian et al.，2005；王红建等，2017），但更多的学者认为企业金融化行为是资源错配现象，对研发活动、实业发展等领域的投资产生挤出效应，进而抑制企业长远发展（Hsieh and Klenow，2009；Seo and Kim，2012；杜勇等，2017；盛明泉等，2018）。此外，也有学者提出金融化本身不具有优劣属性，只有过度的金融资产配置才会产生负面效应（张成思和张步昙，2016；王少华等，2020）。其次，研发创新投资。根据内生增长理论，技术进步是带动全要素生产率提高的唯一路径（Aghion and Bolton，1992），而研发投入和技术引进是实现技术进步和企业效率改善的主要方式：研发行为通过节约要素投入、提高产品质量、积累先进知识产生创新效应和学习效应，进而提高企业全要素生产率（Zachariadis，2004；Aw et al.，2011；孙晓华和王昀，2015）；从先进国家或先进企业引进技术能减少企业因研发产生的错误成本，带动全要素生产率提高，但其效果要弱于自主研发（程惠芳和陆嘉俊，2014）。金融资产配置和研发创新活动都离不开高管这一人力资本的决策判断能力和代理问题的影响。因此，高管的薪酬、权力配置手段也影响全要素生产率水平，对高管的股权激励能促使高管从企业长远利益出发，激发管理层的创新意愿，改善投资效率，提高企业全要素生产率（Galasso and Simcoe，2011；盛明泉和蒋世战，2019），对高管进行适度的薪酬激励（万华林，2018）、权力配置（孙萌瑶和薛坤坤，2018）均能产生正向绩效激励效应。

3. 普通员工

员工是企业人力资本的重要组成，员工在企业中具有劳动力资本、创新活动执行主体、公司治理组成部分三重属性，一方面，普通员工作为企业执行层，其职责主要在于通过生产资料的采购、生产、销售等环节来执行企业的各项经营决策活动，员工工作态度直接决定资源的使用效率（Bradley et al.，2016；He and Tian，2018）；另一方面，员工是企业各项研发创新活动的主体（陈冬华等，2015；陈效东，2017），也是产生创新思想的源头（Bradley et al.，2016），其创新积极性和协作意愿关乎企业创新水平，进而影响企业发展质量（Chang et al.，2015；孔东民等，2017）。然而，员工的价值研究尚未得到一致结论。一部分研究指出，员工对企业全要素生产率具有多角度提升效应，是管理变革的关键环节（杜伟等，2014；Pietrzak and Balcerzak，2016）。Bloom 和 Reenen（2010）和高娟（2018）从薪资激励角度研究发现，改善员工薪酬结构、重视奖励薪资的员工激励行为能最大化员工能力，是提高企业全要素生产率水平的重要手段。其他学者也从企业业绩、技术创新等视角分析员工价值，得出员工股权激励产生正向价值效应的结论（陈冬华等，2015；杨水利等，2017），肯定了普通员工的激励效应。但也有研究得出相反结论，如阳立高等（2018）认为人力资本的规模和质量是一个长期积累的过程，具有相对稳定性，员工对企业业绩的提升作用不明显。于新亮等（2019）则为企业锁定、激励高素质员工提出了可行性建议，指出养老保险的递延支付特征能产生较好的锁定和激励效应（Johnson，1996；阳义南，2012），进而提高企业全要素生产率。

4. 其他人力资本

除参与企业内部经营活动的人力资本外，还存在其他人力资本会影响企业全要素生产率。王瑶和郭泽光（2021）的研究发现机构投资者参与持有公司股份后，受其专业能力的影响，对企业代理问题形成有效监督，进而提高企业全要素生产率。Ducassy 和 Guyot（2017）研究发现相比股东异质性，股东同质性更能减少委托代理冲突，提高企业效率。

二、员工持股计划的经济后果研究

国内外学者对员工持股计划经济后果的研究基于不同的传递效应展开，并主要从股价表现、企业绩效、高管决策等方面进行。

（一）员工持股计划与股价表现

大量学者分析了员工持股计划实施后股票市场的反应。企业实施员工持股计划的活动能向市场投资者传递未来业绩、大股东倾向等方面的信息，引导股市投资者做出股票买卖决策，产生股东财富效应。有文献表明股票市场投资者普遍认为员工持股计划传递利好信号，并积极买入该公司股票（Gordon and Pound，1990；Chang and Mayers，1992；Chaplinsky and Niehaus，1993；Beatty，1995；张望军等，2016；王砾等，2017），内幕信息的存在也可能导致 ESOP 实施前股价被拉高（李兴玉和罗守贵，2017），进而显著提升企业累计超额收益，为企业带来了正的股东财富效应（Chang，1990；孙即等，2017；陈运佳等，2020），但也有学者指出实施员工持股计划的企业具有不同的动机，出于不同动机下实施的员工持股计划产生的市场反应不同，当以反收购和管理层防御为目的开展员工持股计划时，市场会给予负面反应（Chang and Mayers，1992），大股东出于减持动机实施员工持股计划时，相应企业的股价也会下跌（郝永亮等，2019）。Li 等（2019）以中国 A 股上市公司为样本的研究结果表明员工持股计划公告向股市投资者传递未来价值提升的积极信号，进而提高投资者信心，降低企业股价崩盘风险。

（二）员工持股计划与企业发展

大量文献指出员工持股计划通过影响企业内部管理层与股东、员工与企业之间的代理问题，对企业业绩、研发创新、财务信息质量等产生影响。

（1）企业业绩。学者们从高管激励和员工激励的不同视角探究了员工持股计划对企业业绩的影响。从高管激励视角的研究中，Quinn（2018）指出有高管增持约定的员工持股计划能有效抑制高管短视行为，股票期权中隐含的激励和约束信息越充分，越有可能提升企业未来业绩（Hochberg and Lindsey，2010；Fang et al.，2015）。沈红波等（2018）的研究发现，员工持股计划能降低管理层代理问题，进而激励企业提高主营业务收益率，但对国有企业的激励效应要弱于非国有企业。业绩的改善效应能进一步减少企业外部融资依赖，为企业降低负债比重和财务风险，增加现金流，缓解融资约束。从普通员工激励视角的研究中，Park 和 Song（1995）认为实施员工持股计划能形成对内部的公司治理和有效监督，进而提升企业绩效。Winther（1997）则从收益共享和员工参与管理视角分析员工持股计划的实施效果，发现实施员工持股计划之前企业绩效比较差，而在实施之后得到显著改善。孔锦和徐永翙（2015）基于陕西省非上市中小企业样本的检验得出相似结论，认为员工持股计划具有激励作用，普通员工通过员工持股参与管理能显著提升企业绩效。O'Boyle 等（2016）的研究指出，员工所有权对企业绩效呈现显著提升效应，Torp 和 Nielsen（2018）则认为员工心理所有权是实现员工持股计划和与企业绩效提升有正向关系的关键因素。然而，也有部分学者的研究发现，银行不太看好企业股权激励行为。出于风险规避动机，银行更倾向于缩短此类企业的贷款期限、提高贷款利率等，以达到降低风险的目的（胡国强和盖地，2014）。

（2）研发创新。员工持股计划对企业创新的影响研究中，学者们侧重从管理层视角进行分析，强调了员工持股计划对企业研发投资和创新的重要性（Fang et al.，2015）。Chen 和 Huang（2006）指出员工持股计划有利于缓解企业第一类代理问题，促使高管从企业长期价值出发，做出增加研发投入的决策。周冬华等（2019）认为员工持股计划能减少管理层代理问题，增强管理层风险承担意愿，进而促进创新产出。也有部分企业关注到员工持股计划中普通员工的价值，指出员工持股能促进员工间的团队协作、风险共担，从而有助于研发创新行为，促进企业长期发展，提高竞争力（Chang et al.，2015），孟庆斌等（2019）也指出，员工持股计划的本质在于其"利益绑定"功能，有利于提高员工的工作努力程度，促进团队稳定和相互合作，进而产生促进创新的积极效应。李韵和丁林峰（2020）则发现 ESOP 对创新的显著影响主要源于员工持股所产生的集体激励效应，但这一效应在实施前一年可能导致企业创新水平下降，直至员工持股计划实施后的第二年，其集体激励效应才得以体现。

（3）业绩操纵。戴璐和林黛西（2018）的研究表明高管存在事前寻租动机，员工持股计划实施之前的企业盈余管理程度与高管认购比例呈显著正相关关系，员工持股计划实施后，高管为实现利益最大化可能继续进行盈余操纵。陈大鹏等（2019）、宋常等（2020）则指出员工持股计划的实施诱发了管理层通过增加应计盈余操纵的行为讨好员工的动机，导致企业财务信息质量降低，会计师事务所对于实施员工持股计划的企业更倾向于提高审计收费。

（4）员工离职倾向。员工持股计划使员工有权分享企业剩余收益，并以所有者的身份参与企业经营活动，能增强员工的心理归属感和主人翁意识，进而提高员工忠诚于企业的意愿，是企业吸引和留住核心人才的重要手段（Core and Guay，2001；Ittner et al.，2003）。Oyer 和 Schaefer（2004）基于美国企业样本的数据研究表明，员工持股计划显著降低了员工离职率，曹玉珊和魏露露（2019）基于中国上市公司样本的研究，也认为员工持股计划能提高核心人才稳定性，降低离职倾向。Xiao 等（2019）发现中国上市公司员工持股计划的实施有利于实现员工职业稳定和可持续发展，进而提高工作效率。

（5）生产率。相关研究以国外文献为主，分别基于美国和日本的企业样本分析了员工持股计划与企业生产率的关系，部分研究认为实施员工持股计划通过提高员工积极性显著提升了企业生产能力（Kumbhakar and Dunbar，1993；Jones and Kato，1995），但也有文献指出制度设计差异会影响其实施结果，Kim 和 Ouimet（2014）的研究发现当美国企业 ESOP 占比不足 5% 时，有利于提高企业产出水平，增加股东和员工收益，但这一效果主要体现在中等规模企业中。国内研究中，仅有黄荷暑和江鲍昌（2020）从企业与员工委托代理问题视角探究了国内上市公司员工持股计划与全要素生产率的关系，发现相比未实施员工持股计划的企业，实施员工持股计划能有效缓解企业与员工的利益冲突，提高员工积极性，进而改善全要素生产率。但已有文献并未深入探究员工持股计划制度设计差异对企业全要素生产率的影响，也缺少从资本—劳动共同体视角分析要素市场环境与员工积极性之间的互动调节关系的研究。

（三）员工持股计划与治理效率

首先是对股权结构的影响。中国的员工持股计划是国有企业混合所有制改革的重要手段。有研究表明该举措能改善国有企业一股独大的问题，调整股权结构，形成劳动者和所有者利益共享的治理机制，推动国有企业混合所有制改革（黄群慧等，2014；夏鑫等，2018）。其次是对治理结构的影响。员工持股计划实施后，企业通常会聘请专业资产管理机构进行股权管理，并选举管理委员会行使股东权利等，使员工直接行使决策权，监督管理层行为，达到公司治理结构参与主体多元化、提高公司治理水平的目的（Bova et al.，2015；张孝梅，2016；许英杰，2018）。此外，员工持股计划能创建企业内部员工积极参与的所有者文化和有效工作环境（Nancy，2018）。

三、员工持股计划实施效果的调节效应研究

（一）企业自身特征对员工持股计划实施效果的调节效应研究

现有文献多从产权性质、行业特征等方面分析企业自身的特征差异对员工持股计划实施效果的影响。

（1）产权性质。有研究发现国有企业实施员工持股计划的激励效果要好于非国有企业（王砾等，2017；肖淑芳等，2018），但也有文献发现在实施 ESOP 后，非国有企业在改善绩效、降低代理成本和改善公司治理水平（沈红波等，2018）、提高投资效率和创新水平（黄萍萍和焦跃华，2019；李韵和丁林峰，2020）等方面的效果均显著好于国有企业。Kim 和

Patel（2017）的研究指出员工所有权对企业绩效的影响受国家、行业、年份等异质性的影响，欧洲企业实施员工持股计划对绩效的影响不显著。

（2）行业特征。李韵和丁林峰（2020）的研究发现高科技企业的实施效果要好于非高科技企业。曹玉珊和魏露露（2019）的研究发现企业所在行业对劳动力要素的依赖程度越高，实施员工持股计划越可能达到留住员工的目的，越可能促进企业创新。

（3）公司治理环境。黄萍萍和焦跃华（2019）的研究指出 ESOP 对企业创新产出的促进作用主要体现在信息透明度较高的企业中。戴璐和林黛西（2018）的研究发现高质量的外部审计能有效约束员工持股计划后盈余操纵加剧的现象。陈大鹏等（2019）的研究表明员工在企业中的重要性越强、企业资产的信息透明度越低、股权结构越分散时，员工持股计划越可能增强管理层讨好员工的动机，进而加剧盈余操纵。Torp 和 Nielsen（2018）则指出多种人力资本管理方式并存可能抑制员工持股计划对绩效提升的积极效应，而参与式领导风格在其中呈正向调节效应。

此外，也有文献采用规范研究方法，对员工持股计划的制度环境、历史经验和国际经营等进行总结和分析，提出企业在设计和实施员工持股计划时要结合自身发展战略（李青原和王炼，2016）、行业特征（黄群慧等，2014）、对人力资本的依赖性（黄群慧和李晓华，2015）以及企业发展阶段（刘永丽和李思荃，2018），同时，积极完善公司治理结构和治理机制（巩娜，2018），以便发挥员工持股计划的积极效应。

（二）制度设计差异对员工持股计划实施效果的影响研究

部分文献关注到，制度设计差异会导致员工持股计划实践效果有所不同。

从员工持股计划对股票市场反应的影响视角，孙即等（2017）的研究指出，股票市场并不看好高杠杆式的员工持股计划。蒋运冰和苏亮瑜（2016）、肖淑芳等（2018）进一步指出条款设计差异产生不同的信号传递效应，是影响财富效应的关键，杠杆融资、定向增发以及高持股比例的员工持股计划能产生更好的市场反应（肖淑芳等，2018），保底条款和业绩考核条款等创新型要素也会正向影响股东财富（蒋运冰和苏亮瑜，2016）。Li 等（2019）的研究也指出规模较大、价格较低、非杠杆型员工持股计划公告对股价崩盘风险的负向影响较大。同时，会计师事务所会结合员工持股计划的资金规模、员工认购比例进行风险判断，进而影响企业审计收费，实施规模在一定范围内时审计费用较低，超过一定阈值时会提高审计收费（宋常等，2020）。

从员工持股计划对企业业绩的影响视角，孔锦和徐永翊（2015）的研究发现，员工持股计划对企业绩效的激励作用与其参与人员有关，持股人数与员工持股计划的激励效应呈负相关关系，受持股人数的影响，员工持股人数越多，员工持股计划的激励作用越小，普通员工参与对提升绩效有利。黄运旭（2018）基于员工持股条款要素的分析也发现，相比普通员工持股和认购非公开发行的股票，增加管理层持股和二级市场认购的方式对公司绩效的作用更好。沈红波等（2018）的研究表明采用非公开发行方式作为员工持股计划的股票来源方式时，国有企业和民营企业的财务业绩差距缩小，韩光强等（2019）以我国创业板上市公司为研究样本，强调了员工持股计划中管理层认购比例、股票来源差异对企业绩效的重要性，发现管理层认购比例与企业绩效呈正相关关系，相比通过向二级市场购买股票实施员工持股计划的方式，采用非公开发行方式时，员工持股计划对企业绩效的提升效果越好。Ren 等（2019）的研究则表明只享有收益权而不具有控制权的员工持股计划较难产生绩效提升效应，只有当收益权和控制权有效结合时，企业绩效才能显著提升。然而，戴璐和林黛西（2018）的研究则表明高管认购比例越高，越可能加剧谋利动机和盈余管理行为，导致业绩操纵现象严重，财务信息质量下降（陈大鹏等，2019）。

从员工持股计划对企业创新的影响视角，周冬华等（2019）、孟庆斌等（2019）认为员工持股计划对企业创新产生影响的要素主要体现在参与人数、资金规模、资金来源、锁定期和参与认购员工层级等方面，周冬华等（2019）的研究发现员工持股计划的实施规模（包括资金规模和人员参与规模）、锁定期、高管认购比例与企业创新显著正相关，而孟庆斌等（2019）的研究则指出普通员工持股是员工持股计划促进企业创新的主要原因，锁定期与创新产出显著正相关，非杠杆式 ESOP 比杠杆式 ESOP 的实施效果要好，而过多的参与人数容易导致"搭便车"现象，不利于创新产出。

（三）环境因素对员工持股计划实施效果的影响研究

个别文献指出，市场环境、制度约束对人力资本与企业全要素生产率的关系产生影响。

（1）市场环境。有文献指出，只有在市场配置资源起决定性作用的前提下，人力资本才能对全要素生产率发挥显著提升作用，汤吉军和戚振宇（2017）强调要积极优化员工持股计划实施的外部环境，只有在市场配置资源起决定性作用的前提下，员工持股计划才能作为优化公司治理结构、增强人力资本积极性的有效激励制度。李青原和王炼（2016）也指出要积极改善股市状况，进一步完善资本市场运行机制，减少股价异常波动对员工持股计划实施效果带来的不确定性。蒋冠宏和曾靓（2020）则认为融资环境越好，越有利于发挥人力资本对企业发展的积极作用，提高企业发展质量。

（2）制度环境。有文献强调，员工持股计划有其有限的适用性问题，政策不应该给予员工持股过多的限制，而应该由企业自主决定和自由选择（黄群慧等，2014）。在实施员工持股计划的过程中，必须兼顾与其他制度的兼容性和一致性，减少制度冲突带来的制度成本（廖红伟和杨良平，2017）。

四、研究文献述评

通过回顾已有文献发现：首先，关于人力资本对全要素生产率的影响，已有大量学者关注到人力资本对研发创新、经济发展质量改善的重要作用，发现对人力资本的激励约束行为能产生积极效应，并重点关注了企业家、管理层等高层级人力资本的价值。其次，关于员工持股计划实施的经济后果，已有文献从市场反应、企业业绩变动、研发创新、公司治理水平等视角展开探究，部分得出员工持股计划具有信号传递效应、缓解代理问题和改善公司治理结构的作用的结论，但也有学者认为员工持股计划加剧了管理层自利动机，导致业绩操纵加剧、财务信息质量下降等现象。最后，关于员工持股计划实施效果的影响因素，多数学者对企业产权性质、行业特征等企业自身特征进行分析，部分文献指出员工持股计划的认购比例、实施规模、股票来源等要素设计差异是导致其实践效果不同的关键，少数学者提出外部环境差异也会影响员工持股计划的积极效应。上述研究为本书探究员工持股计划与企业全要素生产率的内在联系提供了良好的研究基础和理论借鉴。然而，相关研究仍存在以下不足：

一是在员工持股计划经济后果的研究领域，大量文献关注了其对市场反应、企业业绩、企业创新的影响，对于员工持股计划与全要素生产率的关系，鲜有学者展开探究，少数文献以国外企业为研究样本展开，也有部分学者将企业绩效、产出水平与企业全要素生产率混为一谈。然而，全要素生产率与企业产出水平、绩效水平具有本质区别，全要素生产率是衡量资本、劳动、技术、管理等多重生产要素综合作用下的产出效率指标，本质在于资源配置效率的改善和技术的进步，因此，也被视为判断经济发展质量的重要指标。而全要素生产率的提升离不开企业人力资本与物质资本的协调配合，员工作为企业人力资本的重要组成部分，其积极性是影响企业全要素生产率的关键。虽然个别学者初步验证了国内上市公司员工持股计划与全要素生产率的关系，但并未区分管理层和普通员工，也未从要素设计差异视角探究员工持股计划的有效性。

二是员工持股计划制度设计差异产生的经济后果研究，已有文献分析了股票来源、资金来源、认购比例、锁定期等各类条款对市场反应、企业绩效的影响，强调了员工持股计划的实施方式不同，可能产生不同的效果。然而，现有文献对条款的研究较为零散，也缺乏对其作用机理的深入分析。我们认为，员工持股计划作为通过向员工分配企业剩余索取权来实现激励目的的重要手段，其制度设计所体现的分配合理性是影响激励效果的关键。因此，基于蛋糕分配理论，本书重点关注了员工持股计划条款中体现的控制权、公平性和风险性条款对企业全要素生产率的影响，深入分析企业员工持股计划设计的合理性。

三是员工持股计划与企业全要素生产率关系的影响因素研究中，部分文献从产权性质、行业特征视角展开分析，也有少数学者采用规范分析的方法，主张改善要素市场环境和制度环境，但相关领域的研究缺乏实证检验和数据支撑。人力资本影响企业全要素生产率的机理主要体现在其对技术进步、资源配置效率改善的贡献，而这一过程离不开物质资本要素的支持，也与劳动力要素配置合理性、劳动力的人力资本禀赋息息相关。本书将分析资本要素市场和劳动力要素市场，并依次检验资本市场发展水平、融资约束的资本要素环境和工资议价能力、人力资本禀赋的劳动力要素环境对员工持股计划与企业全要素生产率关系的调节效应，解释要素市场环境对员工持股计划这一人力资本激励手段的实践效果的作用。

第三章

员工持股计划是否实施与企业全要素生产率

一、员工持股计划是否实施与企业全要素生产率的基础关系

（一）理论分析及研究假设

企业全要素生产率的本质在于资源配置效率（蔡昉等，2018），这一过程离不开人力资本的贡献，特别是在知识经济时代，人力资本越来越表现出其"掌控经济活动"的能力（汤吉军和戚振宇，2017）。员工是企业人力资本的主要组成部分，企业应该最大程度挖掘员工的潜力，以发挥其主观能动性，提高企业全要素生产率（钱雪松等，2018）。员工持股计划能激发人力资本活力，带动资源使用效率的提升和资源配置的优化，进而实现要素之间的协同性，提高企业全要素生产率。

首先，员工持股计划有利于缓解员工个体利益与企业集体利益的冲突，提高个体劳动积极性。"股东—高管—普通员工"的长代理链条下，员工作为领取固定工资的打工者，不太关注企业成长，也缺乏动力贡献个

人价值，甚至通过"磨洋工""敲竹杠"等行为谋取私利，或将个人精力主观地次优分配（Jensen and Meckling，1976），导致资源使用效率低下和全要素生产率折损。企业需要通过有效的监督和充分的激励对其加以约束。传统的绩效考核、监控机制等具有事后奖惩和被动监督的特征，及时性差，员工主动性低，对提升效率的作用有限（Bloom and Reenen，2010）。员工持股计划通过绑定员工与企业利益，构建资本与劳动的利益共同体模式，有利于增强员工心理所有权和归属感（Pierce et al.，2001），形成有效监督激励机制。员工持股计划实施后，持股员工分享到企业剩余索取权，员工个人财富收益与企业长期价值挂钩，有效缓解了个体理性和集体理性的冲突。此时，员工出于自身利益考虑，更愿意主动挖掘个人创造力，提高工作努力程度，减少工作精力在不同任务间次优分配的投机行为，甚至主动承担难度较高的工作任务，以期在资源消耗不变的情况下更高效、高质量地完成任务，创造更大的价值，进而提高自身收益（Kim and Ouimet，2014）。这一监督激励效应有利于实现单位劳动力要素使用效率的提升，进而改善企业全要素生产率水平。

其次，员工持股计划有利于构建信息共享、相互协作的工作团队，产生集体激励和团队效应。企业是由多名员工构成的组织，员工之间存在分工，并相互影响。实施员工持股计划之前，员工在企业中仅属于被雇佣身份，虽然参与执行企业各项经营生产活动，但与企业在利益层面相互独立。此时，员工都以自身利益最大化目标为导向，在执行任务过程中各自为政、缺少协调互动，甚至可能妨碍内部成员之间信息共享和相互学习（Chen and Huang，2006）。员工持股计划为企业员工建立共同的利益目标，形成员工之间的利益共同体模式，有利于形成员工之间信息共享、风险共担、合作共赢的工作团队，培养团队式专用性人力资本，进而为企业获得竞争优势提供关键内生资源（Morris et al.，2017）。根据资源依赖理论，专用性人力资本是指能为企业创造价值、难以被轻易模仿或替代的一种稀缺型人力资本。结合对专用性人力资本的界定和员工持股计划的特征后发现，员工持股计划的激励属性有利于为企业创造专用性人力资本。其一，价值性。在员工持股计划所形成的团队合作关系下，企业根据员工个人优势合理分配工作任务，形成独特高效的工作团队。其二，稀缺性。企业中的个人可能是可替代的，但员工合作形成的团队具有不可替代性，具有个体专用性人力资本无法比拟的优势。其三，组织性。工作团队内生于企业，受企业管理，持股员工职位的差异使工作具有秩序性和组织性。其四，难以模仿性。员工认购差异和员工个性差异都会影响整个团队的特征，不同企业形成不同的团队，不可能完全复制。因此，员工持股计划形成团队式专用性人力资本，有利于提高不同劳动力要素和不同人力资本要素之间的协同性，形成推动企业发展的核心竞争力，进而提高企业全要素生产率。

再次，员工持股计划有利于增强员工人力资本的依赖度，形成对管理层自利行为的有效监督，提高资源配置效率。基于资本逐利动机，企业更倾向于将有限资金投资于房地产、金融等依赖物质资本投入且获利能力更强的领域（Orhangazi，2008），忽略人力资本价值，导致实业发展受限，企业风险加剧（Dallery，2009）。而员工懈怠、人力资本专用性壁垒、高管短视动机等代理问题增加了人力资本对企业边际贡献和实业获利能力的不确定性（Kim and Ouimet），更不利于管理层做出依赖人力资本的决策，导致企业物质资本依赖严重和资本要素与劳动力要素的脱节。员工持股计划实施后，一方面，员工持股计划能有效缓解企业内部薪酬分配不公平问题和员工与企业间的代理问题，增强员工满意度、心理所有权和组织认同感（张永冀等，2019）。此时，企业、高管、员工之间形成相互信任、相互依赖、相互协作的工作团队和企业文化，员工更愿意积极挖掘自身潜能，充分利用现有实业资源来提升个人对企业的边际贡献，高管决策也不再仅以物质资本的获利能力为唯一依据，而会综合考虑企业内部整体活力，重视并依赖企业成员，强调员工参与和团队协作（刘凤委等，2009；胡茂和张衔，2014），将有限物质资本要素用于实业投资，同时，主动减少金融资产等脱离人力资本要素的风险性投资（孙丽君等，2010）。另一方面，员工持股计划实施后，持股员工实现从劳动力向主人翁的身份转变，锁定期的设置使持股员工更关注长期价值（孟庆斌等，2019）。此时企业大股东、管理层和员工组成具有一致利益的集体，共同参与公司治理，并由选举产生的管理委员会参与董事会表决。持股员工作为企业内部股东，既享有身为股东的监督权，又因直接参与经营能获得企业内部信息和制衡，缓解股东与管理层信息不对称导致的代理问题，形成对管理层的有效监管，约束高管短期套利和机会主义行为（Noe，2002；Njoya，2011；安磊等，2018）。当高管出于自利动机作出短视决策时，持股员工及时将信息反馈给管理委员会，并由管理委员会代为行使股东权利，增加董事会决议中的反对意见，进而促进企业内部有限物质资源向实业领域倾斜，提高物质资本要素与劳动力要素的协同性，改善企业资源配置效率和全要素生产率。

综上所述，提出假设 H3：

H3：实施员工持股计划可显著提高企业全要素生产率。

（二）研究设计

1. 倾向得分匹配

由于双重差分法强调政策影响的外生性，员工持股计划的推行是在政策颁布的基础上，由企业自行决定是否实施、实施年份以及实施力度，具有较大的自选择性。为缓解样本自我选择偏误对研究结论的影响，本书通过倾向得分匹配（PSM）方法对样本进行筛选。具体步骤如下：

首先，分析影响企业实施员工持股计划的主要因素。已有文献从企业所处行业、财务状况、经营能力等多方面对此展开了研究。Kruse 等（2008）从行业视角研究发现在计算机等更依赖高技术支持的行业中，企业实施员工持股计划的可能性较高。Pendleton（2010）研究发现，收入和盈利能力是影响员工参与员工持股的关键因素。孙即等（2017）和 Quinn（2018）的研究发现，当企业盈利能力强但股价表现、融资能力等不足以支持企业进一步发展时，企业更愿意通过实施员工持股计划进行良性信号传递。结合已有文献的研究结论，最终确定参与 PSM 的特征变量主要包括以下内容：①公司财务特征变量：公司规模（Size）、财务杠杆（Lev）、企业成长性（Growth）、盈利能力（ROA）、股票年度收益率（Return）；②公司治理变量：上市年限（Age）、产权性质（SOE）、第一大股东持股比例（Bigshare）、两职合一（Dual）及行业虚拟变量（IND）。具体变量定义如表3-2所示。所有特征变量滞后一期。

其次，构建Logit模型（3-1），计算概率值p（$X_{i,t-1}$）。其中，X为影响企业是否实施员工持股计划的一系列特征变量，p（$X_{i,t-1}$）即为i企业在t-1期特征变量的影响下决定实施员工持股计划的可能性。

最后，通过一比一、无放回近邻匹配的方法，确定实验组和控制组并重新进行检验，匹配效果如表3-1所示。对比两组样本特征变量的均值差异发现，在进行PSM匹配之前，实验组和控制组的所有特征变量均值差异的t检验值均在1%水平上显著，而PSM匹配之后均不显著。表3-1的结果表明，该倾向得分匹配效果较好。

$$p(X_{i,t-1}) = P(ESOP_{i,t} = 1 \mid X = X_{i-1}) \tag{3-1}$$

表3-1 样本匹配效果

变量	匹配前			匹配后		
	实验组	控制组	t值	实验组	控制组	t值
Size	22.031	22.132	−4.07***	22.031	22.002	0.98
Lev	0.406	0.448	−10.16***	0.406	0.401	1.02
Growth	2.437	2.209	5.66***	2.437	2.395	0.85
SOE	0.166	0.509	−36.74***	0.166	0.163	0.33
Bigshare	0.341	0.354	−4.54***	0.341	0.341	0.03
Dual	0.314	0.215	12.12***	0.314	0.316	−0.19
ROA	0.047	0.038	9.31***	0.047	0.045	0.90
Age	2.018	2.303	−21.40***	2.017	2.008	0.56
Return	0.193	0.122	6.41***	0.193	0.177	1.06
IND	6.596	6.816	−2.79***	6.596	6.526	0.72

注：t值为对实验组和控制组样本变量的均值t检验。*、**、***分别表示在10%、5%和1%的统计水平上显著。

2. 模型设计

双重差分模型（Difference-In-Differences，DID）常被用于评估政策实践效果。当政策分期多次实施时，DID 模型通过构建实验组虚拟变量和实验期虚拟变量的交乘项，形成受到政策影响的实验组和未受到政策影响的控制组，对比两组样本在政策实施前后的差异，政策前后差异的变化即为政策效果。该方法已得到国内外广泛使用（郭峰和熊瑞祥，2018；Almond et al.，2019）。具体到本书的研究设计，我们用全要素生产率（TFP）作为评估员工持股计划政策效果的被解释变量，用 ESOP 表示交乘变量，代表 i 企业第 j 年是否实施了员工持股计划（样本期间内）。这样设置会自动区分实验组和控制组，以及政策影响前和政策影响后。本章构建双重差分模型（3-2）进行检验。为进一步观察员工持股计划实施后影响企业全要素生产率的时效性，保证研究结果稳健，本章同时构建多元线性回归模型（3-3）进行检验。

$$\mathrm{TFP}_{i,j} = \alpha_0 + \alpha_1 \mathrm{ESOP}_{i,j} + \alpha_2 \mathrm{Control}_{i,j} + \varepsilon \qquad (3\text{-}2)$$

$$\mathrm{TFP}_{i,j} = \alpha_0 + \alpha_1 \mathrm{ESOP1}_{i,j} + \alpha_2 \mathrm{Control}_{i,j} + \varepsilon \qquad (3\text{-}3)$$

其中，i 代表企业，j 代表年份，TFP 为被解释变量，表示企业全要素生产率；$\mathrm{ESOP}_{i,j}$ 表示 i 企业是否为实验组、j 年是否为实验期的交乘变量，$\mathrm{ESOP1}_{i,j}$ 表示 i 企业在第 j 年是否存在员工持股计划，对应的系数 α_1 即为员工持股计划对企业全要素生产率的平均影响；Control 表示控制变量。

3. 变量定义

（1）被解释变量。

在上述模型中，本书以企业全要素生产率（TFP）作为被解释变量。当前常用的企业全要素生产率的测算方法，根据是否需要设定具体的生产函数模型可分为以下几种：①参数法。在假定经济活动符合某一特定生产函数的前提下，通过线性估计方法计算残差来测算企业全要素生产率，即OLS 法。参数法计算企业 TFP 时，柯布—道格拉斯（Cob-Douglas，C-D）生产函数是当前最常用的函数形式，也有文献采用超越对数生产函数或随机前沿生产函数（张杰等，2008；Selin Ozyurt，2009）。这种方法适用于时间序列数据，因容易操作被大量学者广泛使用，但因设定了较多的前提假设条件，导致参数法下计算的 TFP 值可能存在偏误。②半参数法。半参数法在原参数法的基础上放宽了部分假定条件。常见的采用半参数法估计企业全要素生产率的方法包括 OP 法、LP 法等。Olley 和 Pakes（1996）假定企业的经营决策活动会依据当前自身的生产率水平进行调整，以当期投资额作为模型中不可观测部分的替代变量，缓解同时性偏差导致的结果偏误。但是 OP 法假定企业投资额与产出水平保持单调线性关系，投资额为零的企业样本无法参与回归，导致部分样本缺失。针对这一问题，Petrin 等（2004）在估计全要素生产率时，以中间品投入额作为代理变量，以减少样本的损失。③非参数法。非参数法在前述两种方法的基础上进一步减少了条件假定约束，是一种不需设定函数模型而进行估算的形式。常见的采用非参数法计算 TFP 值的方法是数据包络分析（Data Envelopment Analysis，DEA）方法。但该方法在测算过程中要求符合平衡面板条件，同时要求净利润大于 0，导致样本损失严重。

考虑到样本完整性和变量的可获取性，本书借鉴鲁晓东和连玉君（2012）的研究，采用参数 OLS 法和半参数 LP 法来测量企业全要素生产率。采用 OLS 法时，假设企业生产函数满足模型（3-3）的柯布—道格拉斯生产函数，对样本分年度分行业回归，模型残差即为 TFP 值。在模型（3-4）中，Y 表示年度总产出，用上市公司年度"营业总收入"衡量，K 表示资本，用年末"固定资产净额"衡量，L 表示劳动力，以企业当年员工总数表示，M 表示中间投入，用企业当年"购买商品、接受劳务支付的现金"衡量。

$$\ln Y_{ijt} = \theta_0 + \theta_1 \ln K_{ijt} + \theta_2 \ln L_{ijt} + \theta_3 \ln M_{ijt} + \varepsilon \qquad (3\text{-}4)$$

（2）解释变量。

本书以员工持股计划（ESOP 和 ESOP1）作为解释变量。其中，ESOP 变量为双重差分模型的交乘变量，表示企业是否实施员工持股计划，其衡量方法为：i 企业实施员工持股计划的当年及此后各年取值为 1，否则为 0；ESOP1 变量用于衡量企业当期是否存在员工持股计划，其衡量方法为：

若 i 企业在第 j 年存在员工持股计划，则取值为 1，否则为 0。进一步地，为验证政策效果的时效性，本章同时对 ESOP 变量分别进行滞后半期（ESOP3）和滞后一期（ESOP2）处理并参与回归。

（3）控制变量。

参考钱雪松等（2018）的研究设计选取控制变量，具体解释如表 3-2 所示。

表 3-2　变量定义

变量类型	变量代码	指标衡量
被解释变量	TFP_LP	采用半参数 LP 法计算的企业全要素生产率
	TFP_OLS	采用 OLS 法计算的企业全要素生产率
解释变量	ESOP	是否实施员工持股计划：i 企业实施员工持股计划的当年及此后各年取值为 1，否则为 0
	ESOP1	当期是否存在员工持股计划：若 i 企业第 j 年存在员工持股计划取值为 1，否则为 0
	ESOP2	ESOP 滞后一期变量，从 i 企业实施员工持股计划的下一年起取值为 1，其他取值为 0
	ESOP3	ESOP 滞后半期变量，若 i 企业在当年 6 月 30 日之前完成实施，则当年及之后各年取值为 1，否则为 0；若 i 企业在当年 7 月 1 日之后完成实施，则下一年及之后各年取值为 1，其他取值为 0
控制变量	Size	公司规模，用期末总资产的自然对数表示
	Lev	资产负债率，负债总额/资产总额
	CFO	经营现金流，用企业当期经营活动产生的现金流量净额除以期末总资产的值衡量
	ROA	总资产报酬率
	TQ	企业价值，用托宾 Q 衡量
	Bigshare	第一大股东持股比例
	Pay	高管薪酬激励，用前三名高管年度薪酬的自然对数衡量
	SOE	企业产权性质，若为国有企业，则取 1，否则为 0
	Age	企业上市年限的自然对数

续表

变量类型	变量代码	指标衡量
控制变量	Growth	企业成长性，计算公式为：（当期营业收入总额－上期营业收入总额）／上期营业收入总额
	Dual	两职合一，若企业董事长和总经理由一人担任，则 Dual 取值为 1，否则为 0
	Return	股票年收益率，计算公式为：［（股票年均出售价格－股票年均购买价格）／持有年限+现金股利］／购买价格×100%
	IND	行业虚拟变量
	Year	年度虚拟变量

资料来源：根据研究设计整理所得。

4. 样本选取及数据来源

员工持股计划试点的《指导意见》颁布于 2014 年 6 月，企业真正实施员工持股计划最早开始于 2014 年 7 月。在进行双重差分检验过程中，为保证样本期间的对称性，本书选取 2010~2018 年沪深 A 股主板上市公司为研究样本，并进行如下处理：①剔除金融行业样本和 ST、*ST 企业样本；②剔除控制变量指标有缺失的样本；③通过倾向得分匹配筛选样本，最终有 6760 个样本参与回归。为控制极端值的影响，本书对所有连续变量进行 1% 和 99% 分位的双侧缩尾处理。所有控制变量滞后一期。员工持股计划实施的相关数据通过对 Wind 数据库中披露的上市公司员工持股计划公告手工整理获得。其他财务数据来自国泰安 CSMAR 数据库和 RESSET（锐思）金融数据库。数据处理和实证检验使用 STATA15 和 EXCEL2010 软件。

（三）实证检验

1. 描述性统计

表 3-3 为全样本描述性统计结果，对实证检验中关键变量的均值、标准差、最小值、中位数、最大值等进行统计。其中，采用 LP 法计算的企业全要素生产率 TFP 均值为 14.54，最小值为 9.89，最大值为 18.85，采

用 OLS 法计算的 TFP 均值为 21.88，最小值为 15.08，最大值为 28.80，表明各企业全要素生产率水平存在较大差异。自变量 ESOP 的均值为 0.22，ESOP1 的均值为 0.17，表明约 22% 的样本量受到员工持股计划的政策影响，17% 的样本正处于员工持股计划存续期内。此外，样本公司的企业规模、财务杠杆、现金流、盈利能力等指标均存在较大差异，这在一定程度上会影响企业发展，是影响企业全要素生产率的关键因素。

表 3-3　全样本描述性统计

变量名	样本量	均值	标准差	最小值	p25	中位数	p75	最大值
TFP_LP	6760	14.54	1.01	9.89	13.87	14.43	15.1	18.85
TFP_OLS	6760	21.88	1.64	15.08	20.84	21.75	22.8	28.80
ESOP	6760	0.22	0.41	0	0	0	0	1.00
ESOP1	6760	0.17	0.38	0	0	0	0	1.00
Size	6760	21.98	1.17	19.22	21.15	21.84	22.65	25.91
Lev	6760	0.40	0.21	0.05	0.23	0.39	0.56	0.97
CFO	6760	0.04	0.07	−0.2	0	0.04	0.08	0.24
Bigshare	6760	0.34	0.14	0.09	0.23	0.32	0.43	0.76
SOE	6760	0.17	0.37	0	0	0	0	1.00
Age	6760	2.01	0.68	0.69	1.47	1.99	2.64	3.33
Pay	6760	6.01	0.69	4.14	5.57	5.98	6.43	7.87
ROA	6760	0.05	0.05	−0.19	0.02	0.04	0.07	0.20
TQ	6760	2.46	2.06	0.20	1.12	1.87	3.12	13.40
Return	6760	0.19	0.63	−0.73	−0.22	0.03	0.41	15.21

资料来源：笔者对相关变量进行统计分析并整理所得。

2. 实证结果分析

表 3-4 为对员工持股计划是否实施与企业全要素生产率的回归结果。（1）列、（2）列为采用双重差分对模型（3-2）进行检验的结果，当采用

半参数 LP 法计算企业全要素生产率时，解释变量 ESOP 与 TFP 的回归系数为 0.055，在 5% 水平上显著为正，当采用 OLS 法计算企业全要素生产率时，解释变量 ESOP 与 TFP 的回归系数为 0.086，也在 5% 水平上显著为正，表明在具有相似特征的样本中，相比控制组，实验组企业的全要素生产率在员工持股计划实施后得到显著提高，假设 H3 得到初步验证。进一步以 ESOP1 为解释变量，对多元线性回归模型（3-3）进行检验。结果如表 3-4 中（3）列、（4）列所示。结果表明，解释变量 ESOP1 与被解释变量的回归系数显著为正，且系数值和显著性均大于 ESOP 对应的回归结果，表明员工持股计划的积极效应主要体现在其持有期内，受"利益绑定"功能的影响。当员工持股计划完成购买且尚未出售时，持股员工能享有 ESOP 带来的股份收益，此时实现了企业与员工间的利益绑定，进而激励员工行为。当 ESOP 出售后，企业与员工间的绑定关系结束，又重新回到员工持股计划实施前的利益不相关局面，进而也不再形成激励效应。

为进一步验证该结果，将解释变量 ESOP 滞后并进行检验，结果如表 3-4 中（5）列至（8）列所示。结果显示，将解释变量分别滞后半期和滞后一期后，解释变量与被解释变量 TFP 的回归系数均显著为正，进一步检验了原假设，但对应的回归系数随着滞后期的延长而逐渐减小。这在一定程度上表明员工持股计划的激励效应在实施当期效果最好。同时，该结果也可能受员工持股计划锁定期的影响。2014 年以来，各企业对员工持股计划的锁定期设置在 12 个月至 60 个月不等，锁定期到期后，决定卖出或继续持有。因此，将解释变量滞后一期时，锁定期仅 12 个月的员工持股计划很大可能已经结束并进行收益分配。此时，员工不再分享企业利润和剩余索取权，员工持股计划产生的激励效应也显著减弱甚至消失，而锁定期超过 12 个月的员工持股计划产生的积极效应可能持续存在。为此，本书尝试将样本划分为两组：锁定期小于一年和锁定期大于一年的样本，并对滞后一期的结果重新进行检验。结果如表 3-4 中（9）列至（12）列所示。可见，当锁定期为一年以内时，解释变量 ESOP 的滞后一期效应不显著，但超过一年锁定期的样本，在解释变量滞后一期后 ESOP2 的回归系数

表3-4 员工持股计划与企业全要素生产率的基础关系回归结果

变量	(1) DID	(2) DID	(3) OLS	(4) OLS	(5) 滞后半期	(6) 滞后半期	(7) 滞后一期	(8) 滞后一期	(9) 短期	(10) 长期	(11) 短期	(12) 长期
	TFP_LP	TFP_OLS	TFP_LP	TFP_OLS	TFP_LP	TFP_OLS	TFP_LP	TFP_OLS	TFP_LP	TFP_LP	TFP_OLS	TFP_OLS
ESOP	0.055** (2.60)	0.086** (2.36)	—	—	—	—	—	—	—	—	—	—
ESOP1	—	—	0.065*** (3.74)	0.102*** (3.36)	—	—	—	—	—	—	—	—
ESOP3	—	—	—	—	0.049** (2.29)	0.087** (2.54)	—	—	—	—	—	—
ESOP2	—	—	—	—	—	—	0.049** (2.10)	0.082** (2.32)	0.024 (0.76)	0.135*** (3.79)	0.048 (1.16)	0.190*** (3.37)
Size	0.548*** (21.76)	0.635*** (14.47)	0.549*** (21.63)	0.635*** (14.56)	0.549*** (21.63)	0.635*** (14.47)	0.549*** (21.79)	0.635*** (14.45)	0.548*** (22.80)	0.540*** (22.96)	0.632*** (14.50)	0.608*** (14.97)
Lev	0.960*** (9.08)	1.823*** (7.33)	0.958*** (9.14)	1.820*** (7.33)	0.957*** (9.11)	1.819*** (7.34)	0.959*** (9.07)	1.821*** (7.33)	0.973*** (9.07)	0.942*** (7.63)	1.834*** (7.47)	1.786*** (6.42)
CFO	0.009 (0.04)	-1.624*** (-4.60)	0.007 (0.03)	-1.627*** (-4.57)	0.004 (0.02)	-1.630*** (-4.61)	0.006 (0.03)	-1.627*** (-4.62)	0.040 (0.18)	0.022 (0.09)	-1.598*** (-4.28)	-1.651*** (-3.63)
Bigshare	0.223** (2.37)	0.393*** (3.51)	0.224** (2.39)	0.394*** (3.54)	0.223** (2.37)	0.394*** (3.53)	0.223** (2.37)	0.393*** (3.51)	0.194* (1.75)	0.254** (2.58)	0.333** (2.66)	0.412*** (3.50)
SOE	0.079 (1.11)	0.027 (0.23)	0.078 (1.09)	0.025 (0.21)	0.077 (1.09)	0.025 (0.21)	0.078 (1.10)	0.027 (0.22)	0.052 (0.73)	0.097 (1.30)	-0.014 (-0.12)	0.058 (0.47)

续表

变量	(1) DID TFP_LP	(2) DID TFP_OLS	(3) OLS TFP_LP	(4) OLS TFP_OLS	(5) 滞后半期 TFP_LP	(6) 滞后半期 TFP_OLS	(7) 滞后一期 TFP_LP	(8) 滞后一期 TFP_OLS	(9) 短期 TFP_LP	(10) 长期 TFP_LP	(11) 短期 TFP_OLS	(12) 长期 TFP_OLS
Age	-0.041	-0.070	-0.040	-0.068	-0.040	-0.069	-0.041	-0.070	-0.047	-0.040	-0.074	-0.060
	(-1.12)	(-1.12)	(-1.10)	(-1.10)	(-1.11)	(-1.10)	(-1.12)	(-1.12)	(-1.29)	(-1.05)	(-1.19)	(-0.89)
Pay	0.057**	0.039	0.057**	0.038	0.057**	0.039	0.057**	0.039	0.059***	0.067***	0.044	0.066*
	(2.85)	(0.87)	(2.81)	(0.85)	(2.82)	(0.86)	(2.86)	(0.88)	(2.89)	(4.04)	(0.99)	(1.86)
ROA	3.356***	4.182***	3.339***	4.155***	3.342***	4.159***	3.355***	4.182***	3.322***	3.332***	4.067***	4.334***
	(11.61)	(7.09)	(11.55)	(7.09)	(11.56)	(7.09)	(11.63)	(7.08)	(12.45)	(11.72)	(6.87)	(5.71)
TQ	0.019*	-0.013	0.020*	-0.013	0.020*	-0.013	0.019*	-0.013	0.019	0.021*	-0.012	-0.016
	(1.77)	(-0.78)	(1.80)	(-0.78)	(1.79)	(-0.78)	(1.77)	(-0.79)	(1.64)	(1.76)	(-0.72)	(-0.88)
Year	控制	控制	控制	控制	控制	控制	控制	控制	控制	控制	控制	控制
IND	控制	控制	控制	控制	控制	控制	控制	控制	控制	控制	控制	控制
截距项	0.698	5.516***	0.697	5.516***	0.689	5.510***	0.695	5.516***	0.737	0.930**	5.650***	6.334***
	(1.56)	(6.79)	(1.55)	(6.86)	(1.53)	(6.80)	(1.56)	(6.79)	(1.69)	(2.15)	(6.92)	(8.10)
N	6760	6760	6760	6760	6760	6760	6760	6760	6428	5617	6428	5617
R^2	0.707	0.572	0.707	0.573	0.706	0.572	0.706	0.569	0.702	0.699	0.568	0.565
Adj_R^2	0.701	0.566	0.702	0.567	0.700	0.566	0.699	0.563	0.697	0.693	0.561	0.557

注：括号内为 t 值，***、**、* 分别表示在 1%、5% 和 10% 的统计水平上显著。

资料来源：笔者用 STATA15 回归后整理所得。

仍显著为正。该结果表明，员工持股计划锁定期较长时，产生的激励效应更具有持续性，且员工持股计划具有积极效应主要与其利益绑定功能相关，当员工结束持有 ESOP 时，员工持股计划的激励效应随之消失。表 3-4 的结果验证了假设 H3。

（四）稳健性检验

1. 改变关键变量衡量方法

本书参考李廉水等（2020）的研究，采用数据包络分析法计算 TFP，用 Rolf 等（1994）构建的曼奎斯特（Malmquist）指数法来测算。这一方法计算的 TFPCH 值表示全要素生产率相比上一期的增长率变化，即滚动增长率。当 TFPCH 值大于 1 时，表明全要素生产率相比上期有所提高，当 TFPCH 小于 1 时，表明相比上一期有所下降，当 TFPCH 等于 1 时，表明该值水平保持不变。同时，该方法将 TFP 指标进一步分解为配置效率指标（EFFCH）和技术进步指标（TECHCH）。配置效率也被称为技术效率，主要指由规模经济、要素使用效率和技术使用效率带来的生产率提高，还可进一步分解为纯技术效率（PECH）和规模效率（SECH）。技术进步指由知识溢出等带来创新水平、技术水平的提升。

采用 DEA 方法计算企业全要素生产率时，选取如下指标作为初始投入—产出变量：以营业收入、企业净利润为产出指标，企业期末资产总额、营业总成本和员工人数为投入指标。由于 DEA 方法下要求产出值大于 0，因此，将除员工人数外的投入产出指标均加上相应指标中最小的负值进行标准化处理，使所有指标为正。其中，营业收入、企业净利润、期末资产总额、营业总成本变量以亿元为单位，员工人数以千人为单位。考虑到价格在年度之间的变动趋势可能影响全要素生产率指标，对金额变量通过价格定基指数进行平减，其中，营业收入和净利润指标通过商品零售价格指数平减，营业成本指标通过工业生产者购进价格指数平减，资产总额指标通过固定资产投资价格指数平减。所有价格定基指数以 2010 年作为价格基期。在上述处理的基础上，以产出最大化、规模报酬不变的曼奎斯特（Malmquist）指数法计算。由于企业生产水平具有相对稳定性，企业全要素生产率在相邻两年间变化较小。本书借鉴程惠芳和陆嘉俊（2014）的做法计算累计增长率：第 t 期累计增长率 TFP 等于当期 TFPCH 值乘以 t-1 期的 TFPCH 值，其他指标计算方法一致。利用累计增长率指标进行重新回归。

由于采用 DEA 方法计算企业全要素生产率指标时要求数据符合平衡面板格式，本书在稳健性检验时以 2010~2018 年的平衡面板为初始数据计算 TFPCH 值，导致样本有所缺失，且仅获得 2011~2018 年 TFPCH 数据和 2012~2018 年累计增长率 TFP 的数据。经倾向得分匹配后，最终共获得 5085 个样本参与 ESOP 与 TFPCH 的回归，获得 4634 个样本参与 ESOP 与 TFP 的回归。改变被解释变量衡量方法后的稳健性检验结果如表 3-5 所示。表 3-5 中（1）列至（5）列结果显示，解释变量 ESOP 与被解释变量 TFPCH 在 5% 水平显著为正，与分解变量配置效率指标 EFFCH 和纯技术效率指标 PECH 也均在 1% 水平显著为正，但与技术进步指标 TECHCH 不显著。（6）列至（10）列结果显示，ESOP 与累计增长率 TFP 的回归系数在 1% 水平显著为正，回归系数大于（1）列回归系数，ESOP 与累计技术进步指标 TECH 在 5% 水平显著为正。表明技术进步和创新属于长期性风险投资活动，有一定的滞后性，在短期内效果不明显，但从长远看，员工持股计划的实施能促进企业创新和技术进步。表 3-5 的结果与正文基本保持一致，表明原研究结论稳健。

2. 内生性问题

（1）安慰剂检验。

如果企业全要素生产率的提高确由员工持股计划所致，那么，假如将 ESOP 实施时间虚拟推前，则 ESOP 与 TFP 的回归系数不显著。为此，本书依次将 ESOP 实施时间推前一期和两期进行安慰剂检验。结果如表 3-6 所示。由表 3-6 可知，将样本实施期提前后，解释变量的回归系数均不显著，表明全要素生产率的提升效应确实受员工持股计划实施的影响，原结论稳健。

表3-5　稳健性检验：替换被解释变量衡量方法

变量	(1) TFPCH	(2) EFFCH	(3) PECH	(4) SECH	(5) TECHCH	(6) TFP	(7) EFF	(8) PE	(9) SE	(10) TECH
ESOP	0.0044**	0.0044***	0.0043***	0.0001	-0.0001	0.0070***	0.0043**	0.0045**	-0.0001	0.0026**
	(2.34)	(3.32)	(3.28)	(0.31)	(-0.09)	(2.60)	(2.37)	(1.98)	(-0.15)	(2.08)
Size	0.0076***	0.0051***	0.0051***	-0.0000	0.0021***	0.0162***	0.0123***	0.0123***	0.0009***	0.0025***
	(9.99)	(9.31)	(9.51)	(-0.11)	(6.04)	(13.87)	(15.65)	(12.37)	(3.97)	(4.63)
Lev	-0.0092***	-0.0065***	-0.0066***	0.0001	-0.0026**	-0.0109**	-0.0086**	-0.0094**	0.0004	-0.0021
	(-3.29)	(-3.28)	(-3.35)	(0.17)	(-2.06)	(-2.17)	(-2.53)	(-2.19)	(0.44)	(-0.87)
CFO	-0.0100	-0.0063	-0.0079	0.0016	-0.0029	-0.0496***	-0.0473***	-0.0499***	-0.0008	-0.0005
	(-1.42)	(-1.27)	(-1.60)	(1.03)	(-0.91)	(-4.56)	(-6.45)	(-5.37)	(-0.38)	(-0.10)
TQ	-0.0004	0.0002	0.0002	0.0000	-0.0006***	-0.0003	0.0003	-0.0004	0.0001	-0.0007***
	(-1.25)	(1.06)	(1.05)	(0.05)	(-4.49)	(-0.72)	(1.10)	(-1.12)	(0.61)	(-3.40)
ROA	-0.0023***	-0.0002	-0.0004	0.0002	-0.0020***	-0.0055***	-0.0040***	-0.0059***	-0.0001	-0.0011*
	(-2.68)	(-0.31)	(-0.62)	(0.97)	(-4.90)	(-4.22)	(-4.58)	(-5.28)	(-0.38)	(-1.88)
SOE	-0.0028*	-0.0025**	-0.0025**	0.0000	-0.0003	-0.0058**	-0.0054***	-0.0064***	0.0006	-0.0001
	(-1.75)	(-2.18)	(-2.23)	(0.07)	(-0.40)	(-2.42)	(-3.35)	(-3.10)	(1.20)	(-0.10)
Age	-0.0013	0.0003	-0.0001	0.0004	-0.0014**	-0.0039**	-0.0010	-0.0035**	0.0005	-0.0026***
	(-1.04)	(0.32)	(-0.11)	(1.38)	(-2.57)	(-2.03)	(-0.75)	(-2.13)	(1.39)	(-2.91)

续表

变量	(1) TFPCH	(2) EFFCH	(3) PECH	(4) SECH	(5) TECHCH	(6) TFP	(7) EFF	(8) PE	(9) SE	(10) TECH
Bigshare	-0.0132***	-0.0086***	-0.0094***	0.0008	-0.0039**	-0.0209***	-0.0139***	-0.0186***	0.0002	-0.0048
	(-3.06)	(-2.80)	(-3.10)	(0.88)	(-1.98)	(-3.24)	(-3.19)	(-3.38)	(0.13)	(-1.60)
Pay	0.0020*	0.0019***	0.0019***	0.0000	-0.0000	0.0022	0.0021**	0.0023*	-0.0001	-0.0000
	(1.96)	(2.66)	(2.62)	(0.06)	(-0.03)	(1.43)	(2.06)	(1.75)	(-0.29)	(-0.01)
Return	0.0043***	0.0032***	0.0032***	-0.0000	0.0011*	0.0130***	0.0060***	0.0079***	-0.0008**	0.0068***
	(3.47)	(3.62)	(3.68)	(-0.11)	(1.92)	(7.04)	(4.84)	(5.02)	(-2.27)	(7.91)
Market	0.0003	0.0002	0.0002	0.0001	0.0001	-0.0007	-0.0004	-0.0007	0.0002*	-0.0003
	(0.93)	(0.69)	(0.89)	(0.67)	(0.75)	(-1.34)	(-1.04)	(-1.48)	(1.82)	(-1.02)
Year	控制	控制	控制	控制	控制	控制	控制	控制	控制	控制
IND	控制	控制	控制	控制	控制	控制	控制	控制	控制	控制
截距项	0.8824***	0.9058***	0.9027***	1.0023***	0.9858***	0.7016***	0.7650***	0.7643***	0.9797***	0.9631***
	(56.89)	(81.99)	(82.37)	(296.75)	(139.88)	(29.90)	(48.32)	(38.15)	(219.10)	(87.53)
N	5085	5085	5085	5085	5085	4634	4634	4634	4634	4634
F	83.9823	31.0229	30.7866	35.8378	146.6561	101.9330	47.2386	76.3999	26.6492	146.2520
Adj_R²	0.3890	0.1872	0.1860	0.2109	0.5277	0.4529	0.2750	0.3821	0.1738	0.5437

注：括号内为 t 值，***、**、* 分别表示在 1%、5% 和 10% 的统计水平上显著。

资料来源：笔者用 STATA15 回归后整理所得。

表3-6　稳健性检验：安慰剂检验

变量	提前一期				提前两期			
	（1）	（2）	（3）	（4）	（5）	（6）	（7）	（8）
	TFP_LP	TFP_OLS	TFP_LP	TFP_OLS	TFP_LP	TFP_OLS	TFP_LP	TFP_OLS
ESOP	0.015	0.038	—	—	0.011	0.005	—	—
	（0.61）	（0.88）			（0.42）	（0.11）		
ESOP1	—	—	0.030	0.036	—	—	0.019	0.010
			（1.35）	（0.91）			（0.82）	（0.26）
Size	0.591***	0.821***	0.591***	0.821***	0.577***	0.800***	0.577***	0.800***
	（37.14）	（30.53）	（37.16）	（30.61）	（31.16）	（27.08）	（31.17）	（27.08）
Lev	1.165***	2.018***	1.164***	2.015***	1.172***	1.952***	1.171***	1.951***
	（14.84）	（15.47）	（14.85）	（15.46）	（12.06）	（12.68）	（12.06）	（12.68）
CFO	0.321*	−0.459	0.321*	−0.465	0.235	−0.797**	0.234	−0.797**
	（1.85）	（−1.61）	（1.85）	（−1.63）	（1.16）	（−2.50）	（1.16）	（−2.50）
Bigshare	0.338***	0.598***	0.338***	0.600***	0.383***	0.578***	0.383***	0.578***
	（4.60）	（4.89）	（4.60）	（4.90）	（4.59）	（4.23）	（4.59）	（4.23）
SOE	0.036	−0.054	0.035	−0.055	0.019	−0.056	0.019	−0.057
	（1.09）	（−0.96）	（1.06）	（−0.98）	（0.53）	（−0.93）	（0.51）	（−0.93）
Age	−0.031	−0.080**	−0.030	−0.079**	−0.002	−0.038	−0.002	−0.038
	（−1.57）	（−2.33）	（−1.56）	（−2.31）	（−0.10）	（−0.98）	（−0.10）	（−0.98）
Pay	0.030*	0.007	0.030*	0.006	0.047**	0.031	0.046**	0.031
	（1.70）	（0.22）	（1.68）	（0.20）	（2.26）	（0.92）	（2.24）	（0.91）
ROA	2.986***	2.214***	2.982***	2.206***	2.838***	2.204***	2.834***	2.202***
	（8.76）	（4.20）	（8.75）	（4.19）	（6.47）	（3.47）	（6.46）	（3.47）
TQ	0.024***	−0.015	0.024***	−0.015	0.023**	−0.017	0.023**	−0.017
	（2.87）	（−1.10）	（2.88）	（−1.09）	（2.07）	（−0.93）	（2.08）	（−0.93）
Year	控制	控制	控制	控制	控制	控制	控制	控制
IND	控制	控制	控制	控制	控制	控制	控制	控制
截距项	1.262***	2.712***	1.266***	2.708***	1.428***	2.999***	1.426***	2.998***
	（4.02）	（5.20）	（4.04）	（5.20）	（4.02）	（5.26）	（4.01）	（5.25）
N	3710	3710	3710	3710	2989	2989	2989	2989
R^2	0.705	0.632	0.705	0.632	0.699	0.634	0.699	0.634
Adj_R^2	0.699	0.625	0.699	0.625	0.691	0.628	0.691	0.628

注：括号内为t值，***、**、*分别表示在1%、5%和10%的统计水平上显著。

资料来源：笔者用STATA15回归后整理所得。

（2）工具变量法。

同省份、同行业企业间在股权授予方面可能相互模仿和学习（Kedia and Rajgopal，2008），故同行业、同省份的企业实施员工持股计划可能会对本企业产生影响。而同行业、同省份企业实施员工持股计划与其他企业经营质量不存在必然联系，因此，符合外生性假设。本书分年度、分行业、分省份计算 ESOP 均值作为解释变量的工具变量 ESOP_IV，并采用两阶段最小二乘法（2SLS）进行工具变量检验（见表 3-7）。由表 3-7 可知，ESOP 的工具变量 ESOP_IV 与 ESOP 的回归系数在 1% 水平显著为正，且此时解释变量与 TFP 的回归系数仍显著为正，表明原结论稳健。

表 3-7　稳健性检验：工具变量法

变量	(1)	(2)	(3)
	ESOP	TFP_LP	TFP_OLS
ESOP_IV	0.870***	—	—
	(8.94)		
ESOP	—	0.294**	0.457**
		(2.49)	(2.37)
Size	0.074***	0.428***	0.592***
	(4.88)	(23.19)	(19.67)
Lev	−0.204***	0.600***	1.032***
	(−3.83)	(9.91)	(10.44)
CFO	−0.005	0.151*	−0.185
	(−0.06)	(1.69)	(−1.27)
Bigshare	−0.092	0.037	0.370**
	(−1.06)	(0.41)	(2.49)
SOE	−0.038	−0.192***	−0.338***
	(−0.90)	(−4.42)	(−4.78)
Age	−0.010	0.058*	0.206***
	(−0.31)	(1.71)	(3.73)

续表

变量	（1）	（2）	（3）
	ESOP	TFP_LP	TFP_OLS
Pay	0.022	−0.020	−0.041
	(1.20)	(−1.10)	(−1.34)
ROA	0.069	1.420***	1.438***
	(0.47)	(9.35)	(5.80)
TQ	0.001	0.038***	0.030***
	(0.33)	(8.68)	(4.11)
Year	控制	控制	控制
IND	控制	控制	控制
截距项	−1.604***	5.590***	7.941***
	(−5.22)	(14.67)	(12.76)
N	6760	6760	6760
R^2	0.283	0.457	0.346
Adj_R^2	0.275	0.450	0.339

注：括号内为 t 值，＊＊＊、＊＊、＊分别表示在 1%、5% 和 10% 的统计水平上显著。

资料来源：笔者用 STATA15 回归后整理所得。

（3）互为因果和遗漏变量问题。

为克服互为因果和遗漏变量导致的内生性问题，本书补充其他可能影响回归结果的遗漏控制变量后重新进行回归。首先，控制上期企业全要素生产率（L.TFP），以此克服互为因果的内生性问题；其次，控制企业层面变量，包括公司治理水平变量管理层持股（Mshare）、股权制衡度（H10）、董事会规模（Board）、两职合一（Dual）、独立董事规模（Outdir）、内部控制指数（Control），企业激励力度变量股权激励（Motive）、研发投入（R&D）、股票收益率（RET）、账面市值比（MB）；最后，控制宏观层面影响企业发展水平的环境变量，包括国内生产总值（GDP）、市场化指数（Market）。稳健性检验结果如表 3-8 所示，结果显示，补充遗漏变量后，解释变量 ESOP、ESOP1 与被解释变量的回归系数仍在 10% 和 1% 水平显著为正，表明原结论稳健。

表3-8 稳健性检验：补充遗漏变量

变量	（1）	（2）	（3）	（4）
	TFP_LP	TFP_LP	TFP_OLS	TFP_OLS
ESOP	0.028*	—	0.042*	—
	(1.85)		(1.92)	
ESOP1	—	0.038***	—	0.061***
		(2.81)		(2.92)
L.TFP	0.492***	0.491***	0.585***	0.584***
	(31.41)	(31.37)	(39.61)	(39.54)
Motive	0.077***	0.077***	0.117***	0.118***
	(5.06)	(5.11)	(4.93)	(5.00)
Size	0.197***	0.196***	0.168***	0.165***
	(11.82)	(11.81)	(6.65)	(6.55)
Lev	0.365***	0.369***	0.399***	0.408***
	(7.48)	(7.56)	(5.23)	(5.35)
CFO	0.125*	0.123*	0.401***	0.400***
	(1.71)	(1.69)	(3.50)	(3.49)
Bigshare	0.015	0.017	−0.156	−0.152
	(0.07)	(0.08)	(−0.46)	(−0.45)
SOE	−0.091**	−0.091**	−0.158***	−0.158***
	(−2.48)	(−2.48)	(−2.76)	(−2.76)
Age	0.060	0.059	0.145	0.138
	(0.54)	(0.53)	(0.84)	(0.80)
Pay	−0.016	−0.016	−0.026	−0.027
	(−1.02)	(−1.04)	(−1.09)	(−1.12)
ROA	0.103	0.102	0.104	0.107
	(0.83)	(0.82)	(0.55)	(0.57)
TQ	0.018***	0.018***	0.015**	0.015**
	(4.60)	(4.63)	(2.42)	(2.40)
Dual	−0.001	−0.002	0.017	0.015
	(−0.09)	(−0.14)	(0.69)	(0.62)

续表

变量	（1）	（2）	（3）	（4）
	TFP_LP	TFP_LP	TFP_OLS	TFP_OLS
Outdir	0.231	0.234	0.190	0.197
	(1.58)	(1.60)	(0.83)	(0.86)
Board	0.055	0.056	0.029	0.028
	(1.10)	(1.13)	(0.37)	(0.36)
H10	0.095	0.090	0.408	0.404
	(0.35)	(0.33)	(0.95)	(0.94)
R&D	0.078	0.090	−0.164	−0.140
	(0.22)	(0.25)	(−0.29)	(−0.25)
MB	−0.019*	−0.018*	0.033*	0.033**
	(−1.72)	(−1.69)	(1.95)	(1.99)
Market	0.010	0.010	0.018	0.017
	(0.74)	(0.70)	(0.85)	(0.80)
RET	0.036***	0.036***	0.054***	0.054***
	(3.64)	(3.60)	(3.49)	(3.48)
Mshare	−0.002	−0.004	−0.050	−0.057
	(−0.03)	(−0.07)	(−0.58)	(−0.67)
Control	0.008	0.008	0.025***	0.025***
	(1.62)	(1.60)	(3.44)	(3.42)
GDP	0.057	0.056	0.012	0.008
	(0.67)	(0.65)	(0.09)	(0.06)
Year/IND	控制	控制	控制	控制
截距项	2.359**	2.403**	4.366***	4.529***
	(2.50)	(2.55)	(2.97)	(3.08)
N	6760	6760	6760	6760
R^2	0.589	0.589	0.535	0.536
Adj_R^2	0.393	0.393	0.313	0.315

注：括号内为 t 值，＊＊＊、＊＊、＊分别表示在 1%、5% 和 10% 的统计水平上显著。

资料来源：笔者用 STATA15 回归后整理所得。

3. 控制个体效应的面板回归

为控制个体效应对结论的影响，采用固定效应和随机效应模型进行检验，结果如表 3-9 所示。可见控制个体效应后，关键变量仍显著为正，表明研究结论依然成立。

表 3-9　稳健性检验：控制个体效应的面板回归

变量	固定效应模型				随机效应模型			
	（1）	（2）	（3）	（4）	（5）	（6）	（7）	（8）
	TFP_LP	TFP_OLS	TFP_LP	TFP_OLS	TFP_LP	TFP_OLS	TFP_LP	TFP_OLS
ESOP	0.041**	0.057**	—	—	0.033**	0.047*	—	—
	（2.45）	（2.08）			（2.05）	（1.82）		
ESOP1	—	—	0.046***	0.088***	—	—	0.039***	0.080***
			（3.15）	（3.69）			（2.73）	（3.41）
Size	0.449***	0.626***	0.448***	0.623***	0.532***	0.726***	0.532***	0.724***
	（29.55）	（25.08）	（29.55）	（25.00）	（45.85）	（37.80）	（45.88）	（37.76）
Lev	0.544***	0.944***	0.548***	0.954***	0.696***	1.223***	0.697***	1.229***
	（10.16）	（10.73）	（10.22）	（10.84）	（15.06）	（16.07）	（15.09）	（16.15）
CFO	0.152*	-0.184	0.151*	-0.186	0.185**	-0.227*	0.185**	-0.227*
	（1.75）	（-1.29）	（1.74）	（-1.30）	（2.23）	（-1.67）	（2.23）	（-1.67）
Bigshare	0.019	0.340**	0.016	0.337**	0.234***	0.468***	0.233***	0.469***
	（0.22）	（2.35）	（0.18）	（2.34）	（3.55）	（4.28）	（3.53）	（4.29）
SOE	-0.200***	-0.351***	-0.199***	-0.349***	-0.037	-0.145***	-0.037	-0.144***
	（-4.78）	（-5.10）	（-4.76）	（-5.08）	（-1.34）	（-3.14）	（-1.34）	（-3.12）
Age	0.056*	0.203***	0.056*	0.203***	0.015	0.068**	0.016	0.069**
	（1.72）	（3.78）	（1.71）	（3.77）	（0.87）	（2.31）	（0.91）	（2.34）
Pay	-0.016	-0.033	-0.016	-0.034	0.037**	0.026	0.037**	0.026
	（-0.87）	（-1.12）	（-0.89）	（-1.15）	（2.52）	（1.08）	（2.50）	（1.05）
ROA	1.443***	1.473***	1.432***	1.456***	1.691***	1.604***	1.682***	1.588***
	（9.80）	（6.09）	（9.73）	（6.03）	（12.03）	（6.96）	（11.97）	（6.90）
TQ	0.039***	0.031***	0.039***	0.031***	0.035***	0.016**	0.035***	0.016**
	（9.32）	（4.53）	（9.34）	（4.52）	（8.83）	（2.51）	（8.85）	（2.51）
Year/IND	控制	控制	控制	控制	控制	控制	控制	控制

续表

变量	固定效应模型				随机效应模型			
	（1）	（2）	（3）	（4）	（5）	（6）	（7）	（8）
	TFP_LP	TFP_OLS	TFP_LP	TFP_OLS	TFP_LP	TFP_OLS	TFP_LP	TFP_OLS
截距项	5.128***	7.213***	5.143***	7.277***	2.927***	4.779***	2.933***	4.819***
	（16.64）	（14.25）	（16.70）	（14.40）	（13.33）	（13.13）	（13.38）	（13.27）
N	6760	6760	6760	6760	6760	6760	6760	6760
F/Chi2	253.254	159.856	253.699	160.728	7522.529	5123.752	7528.538	5136.349
Adj_R^2	0.483	0.371	0.483	0.372	0.474	0.364	0.474	0.365

注：括号内为 t 值，***、**、*分别表示在 1%、5% 和 10% 的统计水平上显著。

资料来源：笔者用 STATA15 回归后整理所得。

二、员工持股计划对企业全要素生产率的影响路径分析

（一）企业创新的路径分析

研发创新和技术进步是企业全要素生产率提高的关键内在动力（Aw et al.，2011；程惠芳和陆嘉俊，2014），但由于创新活动高风险和高不确定性特征，企业的研发投资和研发过程都要求企业及员工有一定的风险容忍度、风险共担意识和合作共享精神。员工持股计划的关键就在于形成资本和劳动的利益共同体，充分激发员工积极性。其对员工工作努力的激励效应、协同合作效应和团队式专用性人力资本的培养直接影响创新决策的执行效率（Chang et al.，2015），促进创新成果的形成，进而形成提高企业核心竞争力和全要素生产率的关键驱动力。

为验证企业创新的中介效应，本书借鉴温忠麟和叶宝娟（2014）的中介效应检验方法，在模型（3-2）的基础上构建递归模型（3-5）和模型（3-6）。考察中介效应时，应重点关注模型（3-5）和模型（3-6）的回归系数 β_1、γ_1 和 γ_2。若模型（3-5）中 β_1 显著为正，表明解释变量 ESOP 与创新产出变量 INNO 显著正相关，员工持股计划对提高创新产出具有促进作用。在此基础上，对比模型（3-6）和模型（3-2）的回归系数：若模型（3-6）中 γ_2 显著为正，γ_1 也显著为正且 γ_1 小于模型（3-2）的 α_1，表明创新产出在其中呈现部分中介效应；若 γ_2 显著为正，γ_1 不显著，则表明创新产出在其中呈现完全中介效应；否则不具有中介属性。参考孟庆斌等（2019）的方法，以企业获得的专利授权数加一的自然对数值（IN-NO）来衡量。结果如表 3-10 所示。可见，解释变量 ESOP、ESOP1 与创新产出 INNO 的回归系数分别为 0.159、0.158，均在 1% 水平显著为正，表明员工持股计划的实施对企业创新有显著促进效应。同时，对模型（3-6）的检验结果显示，变量 INNO 与 TFP_LP、TFP_OLS 的回归系数分别为 0.041、0.077，在 1% 水平显著为正，创新对企业 TFP 的改善作用得到验证。同时，在增加创新产出变量后，解释变量 ESOP、ESOP1 的回归系数虽然仍显著为正，但相比表 3-4 的对应系数显著变小，表明企业创新在其中呈现部分中介效应，验证了本书的猜想。

$$INNO_{ij} = \beta_0 + \beta_1 ESOP_{ij} + \beta_{ij} Control_{ij} + \varepsilon \tag{3-5}$$

$$TFP_{ij} = \gamma_0 + \gamma_1 ESOP_{ij} + \gamma_2 INNO_{ij} + \gamma_{ij} Control_{ij} + \varepsilon \tag{3-6}$$

表 3-10　企业创新的中介效应检验

变量	（1）	（2）	（3）	（4）	（5）	（6）
	INNO	TFP_LP	TFP_OLS	INNO	TFP_LP	TFP_OLS
ESOP	0.159***	0.052***	0.072**	—	—	—
	(3.20)	(2.68)	(2.12)			
ESOP1	—	—	—	0.158***	0.059***	0.090**
				(3.15)	(2.97)	(2.57)

续表

变量	(1)	(2)	(3)	(4)	(5)	(6)
	INNO	TFP_LP	TFP_OLS	INNO	TFP_LP	TFP_OLS
INNO	—	0.041***	0.077***	—	0.041***	0.077***
		(4.14)	(4.57)		(4.11)	(4.54)
Size	0.437***	0.560***	0.759***	0.437***	0.560***	0.760***
	(16.17)	(46.60)	(38.03)	(16.20)	(46.67)	(38.22)
Lev	−0.104	1.058***	1.814***	−0.106	1.055***	1.811***
	(−0.89)	(17.44)	(18.62)	(−0.91)	(17.42)	(18.62)
CFO	0.589**	0.175	−0.682***	0.583**	0.172	−0.684***
	(2.16)	(1.21)	(−3.01)	(2.14)	(1.19)	(−3.03)
Bigshare	−0.373***	0.363***	0.552***	−0.371***	0.364***	0.553***
	(−2.85)	(6.42)	(5.78)	(−2.83)	(6.44)	(5.80)
SOE	−0.007	0.016	−0.071*	−0.009	0.015	−0.073*
	(−0.13)	(0.72)	(−1.83)	(−0.17)	(0.66)	(−1.88)
Age	−0.166***	−0.020	−0.057**	−0.165***	−0.019	−0.055**
	(−5.11)	(−1.39)	(−2.28)	(−5.07)	(−1.32)	(−2.23)
Pay	0.247***	0.059***	0.045*	0.246***	0.059***	0.044*
	(7.74)	(4.05)	(1.87)	(7.73)	(4.03)	(1.84)
ROA	2.195***	3.212***	2.834***	2.194***	3.197***	2.813***
	(4.94)	(12.79)	(7.28)	(4.94)	(12.72)	(7.23)
TQ	−0.012	0.011*	−0.038***	−0.011	0.011*	−0.038***
	(−1.01)	(1.74)	(−3.50)	(−1.01)	(1.76)	(−3.50)
Year	控制	控制	控制	控制	控制	控制
IND	控制	控制	控制	控制	控制	控制
截距项	−9.405***	1.768***	3.842***	−9.407***	1.763***	3.839***
	(−17.58)	(7.48)	(9.85)	(−17.59)	(7.46)	(9.89)
N	6760	6760	6760	6760	6760	6760
R^2	0.410	0.678	0.606	0.410	0.678	0.606
Adj_R^2	0.406	0.677	0.604	0.406	0.677	0.604

注：括号内为 t 值，***、**、* 分别表示在 1%、5% 和 10% 的统计水平上显著。

资料来源：笔者用 STATA15 回归后整理所得。

（二）企业金融资产配置的路径分析

企业全要素生产率不仅取决于技术创新能力，而且受到资本配置效率的影响（Midrigan and Xu，2014），关注实体经济实业发展质量是改善生产率的前提条件。金融资产配置是资本逐利动机影响下企业做出的关键资本配置决策。在资源有限的情况下，企业金融资产配置和实体投资之间具有替代性，过多的金融资产持有可能挤出实体投资，导致企业脱实向虚，并抑制实业发展（Orhangazi，2008；黄贤环和王瑶，2019；王少华等，2020）。员工持股计划实施后，持股员工实现从劳动力向主人翁的身份转变，锁定期的设置使持股员工更关注长期价值。此时企业大股东、管理层和持股员工组成具有一致利益的集体，共同参与公司治理，并由选举产生的管理委员会参与董事会表决。持股员工作为企业内部股东，既享有身为股东的监督权，又因直接参与经营能获得企业内部信息，缓解股东与管理层信息不对称导致的代理问题，形成对管理层的有效监管，约束机会主义行为（Njoya，2011）。当高管出于自利动机作出金融资产配置的短视决策时，持股员工及时将信息反馈给管理委员会，并由管理委员会代为行使股东权利，增加董事会决议中的反对意见，进而约束金融资产配置行为。

为检验企业金融资产配置的中介效应，本书在模型（3-2）的基础上构建递归模型（3-7）和模型（3-8），通过对比回归系数 β_1、γ_1 和 γ_2 进行验证。以金融资产占总资产的比重衡量企业金融资产配置程度（FIN）。其中，金融资产主要包括交易性金融资产、可供出售金融资产、长期股权投资、投资性房地产、持有至到期投资（王少华等，2020）。结果如表3-11所示。可见解释变量 ESOP、ESOP1 与 FIN 的回归系数为-0.008，在10%水平显著为负，表明员工持股计划实施后，企业金融资产配置程度有所降低。同时，对模型（3-8）的检验结果显示，在增加金融资产配置程度变量后，解释变量 ESOP、ESOP1 的回归系数虽然仍显著为正，但相比表3-4的对应系数显著变小，表明企业金融资产配置在其中呈现部分中介效应，验证了本书的猜想。员工持股计划的实施有效抑制了企业脱离人力资本的金融资产配置行为，有利于实现物质资本要素与劳动力要素的协同，进而提高企业全要素生产率。

$$FIN_{ij} = \beta_0 + \beta_1 ESOP_{ij} + \beta_{ij} Control_{ij} + \varepsilon \tag{3-7}$$

$$TFP_{ij} = \gamma_0 + \gamma_1 ESOP_{ij} + \gamma_2 FIN_{ij} + \gamma_{ij} Control_{ij} + \varepsilon \tag{3-8}$$

表 3-11　金融资产配置的中介效应检验

变量	(1)	(2)	(3)	(4)	(5)	(6)
	FIN	TFP_LP	TFP_OLS	FIN	TFP_LP	TFP_OLS
ESOP	−0.008*	0.049**	0.065*	—	—	—
	(−1.84)	(2.53)	(1.90)			
ESOP1	—	—	—	−0.008*	0.058***	0.085**
				(−1.84)	(2.96)	(2.44)
FIN	—	−0.124*	−0.573***	—	−0.124*	−0.572***
		(−1.82)	(−5.10)		(−1.82)	(−5.09)
Size	0.008***	0.571***	0.784***	0.008***	0.571***	0.784***
	(3.11)	(47.99)	(39.60)	(3.09)	(48.05)	(39.77)
Lev	−0.210***	1.024***	1.679***	−0.210***	1.022***	1.677***
	(−15.33)	(16.09)	(16.83)	(−15.30)	(16.08)	(16.83)
CFO	0.159***	0.204	−0.577**	0.160***	0.202	−0.579**
	(5.63)	(1.39)	(−2.54)	(5.66)	(1.38)	(−2.55)
Bigshare	−0.015	0.359***	0.536***	−0.015	0.360***	0.538***
	(−1.19)	(6.36)	(5.63)	(−1.20)	(6.38)	(5.65)
SOE	0.003	0.023	−0.058	0.003	0.022	−0.059
	(0.60)	(1.01)	(−1.49)	(0.65)	(0.95)	(−1.53)
Age	0.029***	−0.016	−0.040	0.029***	−0.016	−0.039
	(8.72)	(−1.14)	(−1.63)	(8.68)	(−1.08)	(−1.58)
Pay	0.003	0.062***	0.051**	0.003	0.061***	0.050**
	(0.89)	(4.23)	(2.12)	(0.90)	(4.20)	(2.09)
ROA	0.176***	3.246***	2.962***	0.178***	3.231***	2.942***
	(3.55)	(12.93)	(7.59)	(3.59)	(12.86)	(7.54)

变量	（1）	（2）	（3）	（4）	（5）	（6）
	FIN	TFP_LP	TFP_OLS	FIN	TFP_LP	TFP_OLS
TQ	0.008***	0.015**	−0.030***	0.008***	0.015**	−0.029***
	(6.41)	(2.23)	(−2.70)	(6.40)	(2.24)	(−2.69)
Year	控制	控制	控制	控制	控制	控制
IND	控制	控制	控制	控制	控制	控制
截距项	0.023	1.521***	3.385***	0.023	1.520***	3.388***
	(0.45)	(6.58)	(8.86)	(0.47)	(6.58)	(8.90)
N	6760	6760	6760	6760	6760	6760
R^2	0.199	0.678	0.607	0.199	0.678	0.607
Adj_R^2	0.195	0.676	0.605	0.194	0.676	0.605

注：括号内为 t 值，***、**、* 分别表示在1%、5%和10%的统计水平上显著。

资料来源：笔者用STATA15回归后整理所得。

三、本章小结

本章以2010~2018年中国沪深A股非金融上市公司为研究样本，以倾向得分匹配的样本对是否实施员工持股计划与企业全要素生产率的关系进行理论分析及实证检验，探究了员工持股计划对企业发展质量的影响路径及机理。研究发现：首先，整体来看，相比未实施员工持股计划的企业，实施员工持股计划能显著提高企业全要素生产率。这一效果主要基于员工持股后的利益绑定和对员工的激励效应，当员工持股计划解锁并完成出售后，其激励效应逐渐消失。在替换关键变量衡量方法、克服内生性问题和进行控制个体效应的面板固定效应回归后，该结论依然稳健。其次，员工持股计划对企业全要素生产率的影响机理检验结果表明,一方面,员工持股计划能通过激发员工工作积极性,促进企业内部协同合作,提升创新效率,进而提高全要素生产率;另一方面,能增强员工主人翁意识,发挥员工作为企业股东的有效监督权,从而有效约束高管因短视自利动机造成的金融资产过度配置,进而提高资源配置效率,提高企业全要素生产率。本章研究结论有利于揭示员工持股计划的治理效应及其影响机理。

第四章

员工持股计划制度设计与企业全要素生产率

一、员工持股计划条款归类

员工持股计划是企业为实现公司治理改善、资源优化配置的目的，通过向内部员工分配股份进行集体激励的创新型组织管理模式，也被视为企业资金募集机制、长期激励机制、利益分享机制和公司治理机制。因此，在员工持股计划实施过程中，企业应遵循收益分配原则、兼顾各方利益原则、投资和收益对等原则，对其中各项条款进行具体设计。本章以"分蛋糕"理论为基础，对员工持股计划中的关键条款进行划分。

"分蛋糕"理论最早在 1988 年由约翰·罗尔斯（John Bordley Rawls）提出。罗尔斯把蛋糕比作社会财富，提出在经济发展过程中，要想实现社会稳定，提高居民生活水平，一方面，要积极做大社会财富这块蛋糕，另一方面，要制定公平、公正的收入分配制度，把"财富蛋糕"分好，让全体人民共享成果。此后，"分蛋糕"理论被各研究领域和实务工作广泛应用。企业作为社会经济的微观基础，企业内部收益分配也应遵循"分蛋糕"理论。本节结合蛋糕分配理论，对企业员工持股计划的要素进行归类。

（一）控制权条款

分蛋糕理论认为，进行社会公平分配的前提是确定可分配蛋糕的大小。蛋糕分配比例代表参与者在分配过程中所享有的控制权利的大小。因此，在进行制度设计时，首先应根据可分配蛋糕的大小确定员工持股计划所占股份比例，进行控制权分配。员工持股计划的控制权设计应遵循如下基本原则：

（1）严格遵守国家相关法律、法规及规定。2014年6月，证监会发布的《关于上市公司实施员工持股计划试点的指导意见》（以下简称《指导意见》）中明确规定，上市公司员工持股计划的总认购股数应以企业总股本的10%为上限，单个员工累计持股比例应以企业总股本的1%为上限。2016年，国资委、财政部、证监会三部委联合印发的《关于国有控股混合所有制企业开展员工持股试点的意见》（以下简称《意见》）中明确规定，国有企业员工持股计划占企业总股本的比重不得超过30%，对单一员工累计持股比例的规定与《指导意见》一致。此外，企业实施员工持股计划过程中，必须坚持依法合规、公开透明的基本原则。

（2）注意企业控制权。企业向员工分配股权时，不仅使持股员工有权分享企业剩余收益索取权，获得资本收益，还会使员工身份转变为企业主人翁，并有权参与企业决策和公司治理。员工过高的决策权可能威胁企业家和大股东在公司的地位，因此，在员工持股计划设计过程中，必须合理进行股权布局，优化公司治理结构。2016年，三部委联合印发的《意见》中也明确表示，国有控股混合所有制企业实施员工持股计划必须以保证国有资本的控股地位为前提。

基于上述原则，各上市公司在设计员工持股计划过程中，在综合考虑企业整体薪酬结构、员工特征、企业自身市值和净资产状况等因素的基础上，自行确定员工持股数量，导致各企业员工持股计划控制权有所差异。同时，不同行业、不同产权性质下企业ESOP控制权的大小也存在差异。根据表4-1，截至2019年12月31日，已完成认购的各企业中，员工持股计划控制权平均达到 1.533%，国有企业员工持股计划控制权略高于非国有企业，非高新技术行业的控制权略高于高新技术行业。划分高管控制权和普通员工控制权后发现，员工持股计划以向普通员工分享控制权为主，普通员工认购股数占企业总股数的比重平均达到 1.437%。可见，受企业特征的影响，各企业员工持股计划中控制权的设计存在较大差异，这一差异可能影响员工持股计划所产生的激励效应。

表 4-1　不同类型企业员工持股计划控制权分布情况

控制权	总样本	国有企业	非国有企业	高新技术行业	非高新技术行业
总控制权	1.533%	1.617%	1.524%	1.504%	1.546%
高管控制权	0.891%	0.846%	0.896%	0.529%	1.052%
普通员工控制权	1.437%	2.108%	1.365%	1.065%	1.602%

资料来源：根据 Wind 数据库公布的数据整理所得。

（二）公平性条款

"分蛋糕"理论认为，财富分配过程要让利益相关者感受到分配的公平合理性。分配公平性体现在：第一，公平分配必须让参与者，特别是仅能分享到较少利益的弱势群体感受到分配具有公平性。在企业日常激励实践中，通常以少数管理层激励为主，这种现象易导致非高管普通员工的不平衡心理，激发员工之间的矛盾。因此，员工持股计划的实施应区别于少数管理层持股的股权激励，特别注意对非高管人员的激励，最大限度地激励员工，同时体现公平竞争的企业文化。第二，公平分配并不意味着平均分配。在市场经济条件下，个人对产出所作贡献的差别应该是确定财富分配份额的关键依据。要避免成员之间"干多干少一个样，干好干坏一个样"的无差别平均主义，要承认差别，辩证地看待公平分配。

员工持股计划作为我国"共享"发展理念下的产物，是对管理层股权激励的补充，因此，应特别注重分配公平性问题。在具体实践中，各企业根据自身具体情况对员工持股计划参与人数、参与对象等进行具体设计，进而导致员工持股计划公平性存在差异。表 4-2 为不同类型企业员工持股计划的公平性体现。由表 4-2 可知，各企业员工持股计划中高管参与人数较为平均，但国有企业高管参与人数相对较多。企业更倾向向普通员工分配股份，但不同类型企业分配的比重不同。表 4-2 表明各企业间员工持股计划公平性的设计存在差异，可能导致员工持股计划实践效果不同。

表 4-2　不同类型企业员工持股计划公平性分布情况

公平性	总样本	国有企业	非国有企业	高新技术行业	非高新技术行业
总参与人数	452	818	353	426	418
高管参与人数	7	9	7	7	7
普通员工参与人数	430	787	319	386	396
高管持股份额	27.55%	26.05%	28.18%	28.00%	27.55%
普通员工持股份额	71.46%	73.79%	71.02%	70.85%	71.52%

资料来源：根据 Wind 数据库公布的数据整理所得。

（三）风险性条款

财富蛋糕公平分配的前提是，每块财富蛋糕的质量是一样的。具体到企业股权分配过程中，应坚持权责对等、投资风险和收益对等的原则。企业实施员工持股计划时，部分企业采用杠杆融资方式，由企业或大股东提供借款支持，其他企业采用非杠杆融资方式。杠杆模式下，持股员工可能的收益和风险翻倍，股价下跌时会扩大员工损失，员工参与员工持股计划的风险较高。此外，市场环境会造成股价波动，员工持股计划作为与资本市场密切联系的激励手段，受资本市场影响较大，股价整体下跌会导致持股员工风险提升。各企业员工持股计划的风险性存在差异。由表 4-3 可知，整体上，实施低风险型员工持股计划的样本居多，而采用杠杆融资方式实施高风险员工持股计划的样本以非国有企业为主。员工持股计划所含的不同风险程度可能产生持股员工不同的心理变化，进而影响其实践效果。因此，在员工持股计划实施和制度设计过程中，应特别关注其风险性。

表4-3 不同类型企业 ESOP 风险性分布情况

风险性	总样本	国有企业	非国有企业	高新技术行业	非高新技术行业
杠杆式	210	1	164	75	135
非杠杆式	675	81	402	185	490

资料来源：根据 Wind 数据库公布的数据整理所得。

二、员工持股计划制度设计与企业 全要素生产率的关系

（一）理论分析与研究假设

1. 员工持股计划控制权对企业全要素生产率的影响

员工认购比例是员工持股计划的核心设计，员工持股计划控制权差异体现在企业对员工激励力度的差异和员工在企业中剩余索取权的分配权益。员工持股计划对企业全要素生产率的提升作用主要源于员工持股的利益趋同效应，但该效应的实现必须满足一定的约束条件。韩亮亮等（2006）认为，在25%的股权范围内，当高管持股比例低于8%时，高管持股主要发挥利益趋同效应，高管愿意从企业利益出发做出决策，从而有利于提升企业价值。当高管持股比例超过8%时，管理层容易产生堑壕心理，更可能以损害企业利益为代价来谋取私利。受政策约束，我国各上市公司员工实际持股比例均不超过10%，因此，员工持股计划的持股比例与企业全要素生产率的关系基本符合这一先升后降的变化趋势。企业实施员工持股计划后，随着员工持股比例的增加，员工与企业的利益一致性逐渐增强，形成自我监督和相互监督的良性机制，改善企业效率低下现象。当持

股比例逐渐提升并趋近最优点时，员工持股产生利益趋同效应，促使员工从企业利益出发，提高工作积极性，企业全要素生产率达到极大值点。当员工持股比例超过一定比例后，一方面，会影响大股东的控制权和决策权地位，不利于企业所有者的治理活动，另一方面，会增大企业内部人的股权比重，削弱外部投资者势力，不利于外部监督作用的发挥。同时，过高的员工持股比例也易导致激励过度，持股员工减弱工作的努力程度，转而依赖股权持有带来的收益，反而降低企业全要素生产率。因此，员工持股总比例可能呈倒"U"形影响企业全要素生产率。据此提出假设 H4-1：

H4-1：员工持股总比例与企业全要素生产率呈倒"U"形关系。

2. 员工持股计划公平性对企业全要素生产率的影响

（1）参与规模的公平性。

根据管理理论，企业是一种组织形式，即人们为实现一定的目标，相互协作组合而成的集体。在企业中，不同层级员工的职责、技能和目的有所差异：股东为企业提供融资支持，并决定企业各项经营方针和投资计划，从对企业的股权投资中获利为其主要目的；管理层主要负责各项具体方案的设计、监督和执行，为企业谋利、获得高薪酬回报和职位晋升为其主要工作目的；而普通员工则听从上级指挥展开工作，获得工作报酬为其主要目的。不同岗位的人员之间环环相扣，相互影响。全要素生产率提高的潜在要求是员工都能积极贡献个人才能。单个员工的工作态度对企业整体的效率改善的作用微乎其微，但若能整体提升员工积极性，则对企业生产活动产生较大影响。因此，员工持股计划中参与认购的人员规模影响其实施效果，但参与人数并非越多越好：企业应对员工进行差异化激励，员工持股计划侧重激励工作态度积极、个人贡献较大及可替代性低的员工，从而提高此类员工稳定性，减少流失率。同时，通过差异化奖惩行为，对于工作懈怠或可替代性较强的员工形成反向激励，产生鼓励其改善工作态度、积极进行个人技能提升、提高个人核心竞争力的效应。适度的员工持股计划员工参与规模能形成以上良好的激励环境。此时，员工之间能较好地进行协作，提高各环节及环节之间的工作效率，同时，对未获得员工持股计划认购权的员工产生激励，促使他们迎头赶上。反之，当超过适度参与规模时，员工的不同工作态度和贡献获得相对平均的股权激励，易产生平均主义弊端，诱发员工"搭便车"行为（黄群慧等，2014），反而不利于提升企业全员积极性和合作意识，有损企业价值（Kim and Ouimet，2014；孟庆斌等，2019）。据此提出假设 H4-2：

H4-2：员工持股计划参与规模与企业全要素生产率呈倒"U"形关系。

（2）认购比例的公平性。

企业中存在"股东—高管人员—非高管员工"的长代理链条，激励不对等可能激化链条中的代理问题，特别是长期以来企业对高管激励的偏好，容易激发普通员工的不平衡心理，导致不愿意付出努力贡献自身人力资本价值。陈冬华等（2015）和陈效东（2017）研究发现，相比高管激励，对非高管员工激励能产生更显著的业绩提升和创新效应。员工持股计划为针对非高管员工的股权激励提供了政策依据，但有些企业将其演变成另一种形式的少数管理层持股，这对缓解高管与非高管的薪酬矛盾无效。把握好高管与普通员工间的认购权差异是发挥员工持股计划积极作用的关键。在具体实施过程中，不同企业对高级管理层和非高管员工认购比例的分配存在异质性，全要素生产率也产生不同表现：非高管员工和高管认购比例差距越小，越能缩小非高管与高管的薪酬激励差距，体现企业重视人才和对员工"一视同仁"的态度，减缓"高管—非高管员工"的薪酬矛盾，有效激发员工工作积极性，降低离职倾向（Core and Guay，2001）。此时的非高管人员更愿意配合高管指挥，及时完成高管下达的任务，也有更高的意愿与同事合作，形成信息共享、相互监督的高效合作团队。但当高管与非高管认购差距较大时，表明企业在一定程度上将员工持股计划视为另一种形式的股权激励，更侧重管理层持股。此时反而进一步激发管理层与非高管之间的薪酬矛盾，不利于不同层级之间的协作。据此提出假设 H4-3：

H4-3：高管与非高管的 ESOP 认购差距越大，越不利于企业全要素生产率的提高。

3. 员工持股计划风险性对企业全要素生产率的影响

员工持股计划为持股成员带来股票收益，但收益与风险相对应，股票市场的波动影响成员收益并可能造成成员的心理波动。员工持股计划的资金来源方式主要分两种：其一为员工自筹资金作为员工持股计划主要资金来源，其二为企业向金融机构借款，形成优先级和劣后级的杠杆模式。杠杆持股将员工可能的收益和风险翻倍。当采用杠杆模式实施员工持股计划时，股价下跌会扩大员工损失，影响持股员工的心理状态和工作积极性，进而不利于全要素生产率的提高。据此提出假设 H4-4：

H4-4：员工持股计划风险性越高，越不利于企业全要素生产率的提高。

（二）研究设计

1. 模型设计

为验证控制权、公平性对企业全要素生产率的影响，本章构建含二次项的多元线性回归模型（4-1）进行检验。为验证员工持股计划风险性对企业全要素生产率的影响，本章构建模型（4-2）对杠杆组样本和非杠杆组样本进行分组检验。

$$\text{TFP}_{i,j} = \alpha_0 + \alpha_1 \text{Factor}_{i,j} + \alpha_2 \text{Factor}_{i,j}^2 + \alpha_3 \text{Controls}_{i,j} + \varepsilon \qquad (4-1)$$

$$\text{TFP}_{i,j} = \beta_0 + \beta_1 \text{ESOP}_{i,j} + \beta_2 \text{Controls}_{i,j} + \varepsilon \qquad (4-2)$$

2. 变量定义

（1）员工持股计划控制权。

控制权代表在企业中的剩余索取权。本章以员工持股计划占企业总股本的比重（Ratio）来衡量其控制权大小。

（2）员工持股计划公平性。

公平性代表员工持股计划实施过程中，企业对参与人员规模、分配比例的设计。公平分配意味着，一方面，员工持股计划实施过程中不能仅关注在企业中居于特殊地位的少数管理层，而应尽可能扩大参与范围，特别是注重对其他员工的分配，因此，以员工持股计划的参与人数占员工总数的比重 People、非高管人员在 ESOP 中的认购比重 Emshare 衡量公平性中的参与广泛性；另一方面，公平分配并不意味着平均主义分配，而应做到按贡献进行差别分配。因此，为衡量公平分配中的差别分配，本书以高管与非高管在 ESOP 中的认购差距来衡量（DAP），具体计算方法为：DAP1 =（高管在 ESOP 中的认购股数/高管参与人数）/（非高管在 ESOP 中的认购股数/非高管参与人数），DAP2 = ln（高管认购占企业总股本的比重/高管参与人数）/ln（非高管认购占企业总股本的比重/非高管参与人数）。DAP 值越大，表明企业在实施员工持股计划过程中越倾向管理层，分配公平性越差。

（3）员工持股计划风险性。

员工持股计划主要有两种实施模式，一种为员工自筹资金作为员工持股计划主要资金来源，另一种为由企业向金融机构借款，形成优先级和劣后级的杠杆模式。杠杆持股将员工可能的收益和风险翻倍，股价下跌时会扩大员工损失，引起员工心理波动，影响工作积极性。同时，部分企业大股东为 ESOP 提供担保，若股价跌破警戒线或止损线，大股东须履行补仓义务。因此，为检验员工持股计划风险性的影响，本书以员工持股计划是否设置杠杆来进行分组：若以员工自筹作为员工持股计划的资金来源，则认为是风险性较低的员工持股计划，若通过借款方式实施员工持股计划，并设置优先级和劣后级的杠杆模型，则认为是风险性较高的员工持股计划。

3. 样本选取及数据来源

在第三章的基础上，本章选取 2014~2018 年实施员工持股计划的企业子样本为研究对象。员工持股计划各条款的详细信息根据各上市公司 ESOP 的实施及完成公告所披露的信息手工整理获得，其他数据来自国泰安 CSMAR 数据库。为剔除异常值的影响，对所有连续控制变量进行 1% 和 99% 分位的双侧缩尾处理。数据处理和实证检验使用 STATA15 和 EXCEL2010 软件。

（三）实证检验

1. 描述性统计

表4-4为主要变量描述性统计结果。由表4-4可知，解释变量Ratio的均值为1.680，最小值为0.020，最大值为9.330，可见各实施员工持股计划的企业在控制权要素设计上存在较大差异。解释变量People的均值为0.140，最小值为0.010，最大值为0.980，即平均有占企业14%的员工参与到员工持股计划中，部分企业的参与人数仅占员工总数的1%，更偏向少数管理层持股，也有企业参与人数高达98%，ESOP涉及几乎所有员工，参与人数广泛。变量Emshare的均值为0.712，表明企业员工持股计划普遍向普通员工倾斜。变量DAP1的均值为14.490，在25%分位处达到3.310，表明在企业员工持股计划制度设计中，高管人均认购比例普遍高于非高管人均认购比例，认购差距超过3。这也比较符合公平性分配中的非对等分配原则。但也有部分企业DAP1值较高，ESOP认购比例也向管理层倾斜。

表4-4　主要变量描述性统计

变量	样本量	均值	标准差	最小值	p25	中位数	p75	最大值
TFP_LP	1162	15.660	1.020	13.090	14.960	15.530	16.210	19.560
TFP_OLS	1162	21.880	1.610	15.910	20.780	21.710	22.840	27.520
Ratio	1162	1.680	1.490	0.020	0.650	1.320	2.210	9.330
People	1162	0.140	0.170	0.010	0.040	0.090	0.190	0.980
Emshare	1162	0.712	0.227	0	0.563	0.757	0.903	1.000
DAP1	1146	14.490	25.680	0	3.310	6.660	14.190	256.700
DAP2	1096	0.800	0.220	−0.100	0.660	0.810	0.930	2.720
Size	1162	22.310	1.120	19.220	21.540	22.170	22.910	25.910
Lev	1162	0.400	0.190	0.050	0.250	0.390	0.540	0.950
CFO	1162	0.040	0.070	−0.20	0	0.040	0.080	0.240
Bigshare	1162	0.320	0.130	0.090	0.220	0.300	0.410	0.760
SOE	1162	0.130	0.340	0	0	0	0	1.000

变量	样本量	均值	标准差	最小值	p25	中位数	p75	最大值
Age	1162	2.130	0.590	0.700	1.750	2.040	2.610	3.280
Pay	1162	6.200	0.630	4.140	5.750	6.150	6.610	7.870
ROA	1162	0.050	0.050	-0.190	0.020	0.040	0.070	0.200
TQ	1162	2.820	2.090	0.200	1.440	2.260	3.630	13.40

资料来源：笔者用 STATA15 统计分析所得。

2. 实证分析

（1）控制权与企业全要素生产率。

表4-5为针对员工持股计划控制权的实证检验结果。其中，前四列为采用 LP 法计算企业全要素生产率的回归结果，后四列为采用 OLS 法计算企业全要素生产率的回归结果。（1）列、（2）列和（5）列、（6）列为默认未实施员工持股计划的企业，员工认购比例为0，以第三章中通过倾向得分匹配后的全样本参与回归的结果。其中，当仅以 Ratio 的一次项参与回归时，员工认购比例 Ratio 与被解释变量 TFP_LP 的回归系数为0.026，在5%水平上显著为正，当加入 Ratio 的二次项进行多元线性回归时，Ratio 的一次项回归系数为0.055，在1%水平显著为正，二次项回归系数为-0.006，在10%水平上显著为负。同理，（3）列、（4）列和（7）列、（8）列为仅以实施员工持股计划的子样本进行多元线性回归的实证结果。可见，当仅以 Ratio 的一次项参与回归时，员工认购比例 Ratio 与被解释变量 TFP_LP 的回归系数为0.032，在10%水平上显著为正，当加入 Ratio 的二次项进行多元线性回归时，Ratio 的一次项回归系数为0.074，在1%水平显著为正，二次项回归系数为-0.009，在10%水平上显著为负。上述结果表明，整体上看，ESOP 实施后，员工认购比例越高，持股员工的控制权越高，对企业全要素生产率的提升效果越好，ESOP 认购占企业总股本的比例每增多1%，对企业全要素生产率能产生2.6%~3.2%的提升效果。这一效果主要是由于我国证监会、国资委等部门对上市公司员工持股比例进行了明确约束，要求企业 ESOP 占企业总股本的比例不得超过10%，而

在实践中，实施员工持股计划的企业员工认购比例均值仅达 2.25%，远低于政策标准。加入二次项后，员工认购比例与企业全要素生产率呈倒 "U" 形关系，即当员工持股比例逐渐增加时，员工参与认购 ESOP 对企业全要素生产率的作用呈现先升后降的趋势，当 Ratio 达到 4% 左右时，员工持股计划对企业全要素生产率的提升效应达到最佳，当超过这一比例时，员工持股计划的作用逐渐减弱并导致全要素生产率开始下降。表 4-5 的结果验证了假设 H4-1。

表 4-5　员工持股计划控制权与企业全要素生产率

变量	全样本		子样本		全样本		子样本	
	(1)	(2)	(3)	(4)	(5)	(6)	(7)	(8)
	TFP_LP	TFP_LP	TFP_LP	TFP_LP	TFP_OLS	TFP_OLS	TFP_OLS	TFP_OLS
Ratio	0.026**	0.055***	0.032*	0.074***	0.051**	0.103***	0.058*	0.138**
	(2.38)	(2.88)	(1.86)	(2.66)	(2.44)	(2.66)	(1.82)	(2.49)
$Ratio^2$	—	-0.006*	—	-0.009*	—	-0.012*	—	-0.018*
		(-1.77)		(-1.74)		(-1.69)		(-1.95)
Size	0.548***	0.547***	0.562***	0.561***	0.620***	0.612***	0.710***	0.681***
	(46.21)	(46.19)	(20.93)	(20.96)	(27.64)	(27.73)	(12.71)	(12.15)
Lev	1.048***	1.048***	1.032***	1.036***	2.000***	1.945***	2.132***	2.004***
	(17.21)	(17.21)	(8.60)	(8.66)	(17.86)	(17.54)	(8.77)	(8.40)
CFO	-0.012	-0.011	-0.384	-0.376	-1.674***	-1.750***	-1.877***	-1.852***
	(-0.09)	(-0.08)	(-1.23)	(-1.21)	(-6.40)	(-6.75)	(-2.85)	(-2.87)
Bigshare	0.332***	0.332***	0.414***	0.417***	0.514***	0.487***	0.790***	0.718***
	(5.88)	(5.89)	(3.15)	(3.16)	(4.69)	(4.51)	(2.99)	(2.73)
SOE	0.002	0.003	0.054	0.056	-0.130***	-0.069	-0.054	0.023
	(0.08)	(0.11)	(0.89)	(0.93)	(-2.93)	(-1.56)	(-0.47)	(0.20)
Age	-0.050***	-0.049***	-0.012	-0.007	-0.100***	-0.057**	-0.105	-0.019
	(-3.44)	(-3.42)	(-0.33)	(-0.20)	(-3.51)	(-2.01)	(-1.43)	(-0.26)
Pay	0.059***	0.059***	0.021	0.020	0.056**	0.015	-0.073	-0.098
	(4.09)	(4.06)	(0.72)	(0.68)	(1.96)	(0.52)	(-1.18)	(-1.62)

变量	全样本		子样本		全样本		子样本	
	（1）	（2）	（3）	（4）	（5）	（6）	（7）	（8）
	TFP_LP	TFP_LP	TFP_LP	TFP_LP	TFP_OLS	TFP_OLS	TFP_OLS	TFP_OLS
ROA	3.398***	3.396***	3.599***	3.586***	4.154***	4.041***	3.853***	3.625***
	（13.49）	（13.49）	（8.57）	（8.55）	（9.36）	（9.25）	（4.81）	（4.62）
TQ	0.015**	0.015**	0.009	0.009	-0.023*	-0.045***	-0.016	-0.050*
	（2.36）	（2.34）	（0.68）	（0.66）	（-1.91）	（-3.45）	（-0.63）	（-1.81）
Year	控制	控制	控制	控制	控制	控制	控制	控制
IND	控制	控制	控制	控制	控制	控制	控制	控制
截距项	1.212***	1.220***	1.012*	1.007*	6.960***	6.682***	5.145***	4.903***
	（5.25）	（5.28）	（1.89）	（1.88）	（16.07）	（15.48）	（4.57）	（4.44）
N	6760	6760	1162	1162	6760	6760	1162	1162
R²	0.712	0.712	0.744	0.746	0.563	0.577	0.628	0.637
Adj_R²	0.660	0.660	0.723	0.724	0.500	0.513	0.570	0.585

注：括号内为 t 值，***、**、*分别表示在1%、5%和10%的统计水平上显著。

资料来源：笔者用STATA15回归后整理所得。

（2）公平性与企业全要素生产率。

表4-6为参与人数与企业全要素生产率的回归结果。其中，（1）列至（4）列为采用 LP 法计算企业 TFP 时的回归结果。结果显示，在全样本中，当仅以 People 的一次项参与回归时，People 的回归系数为0.156，在10%水平上显著为正，加入二次项后回归系数不显著，表明相比未实施员工持股计划的企业，ESOP 实施后企业中参与持股的员工人数增多时，ESOP 对企业全要素生产率能产生显著提升效应；在实施 ESOP 的子样本中，当仅以 People 的一次项参与回归时，People 的回归系数为正但不显著，当加入二次项后，People 的一次项和二次项回归系数分别为0.564、-0.858，均在10%水平显著，表明当参与认购 ESOP 的员工人数低于企业员工总数的32.86%时，员工持股计划对企业全要素生产率产生提升效应，当超过该比例时，随着参与人数的增多，对企业全要素生产率的提升效果

逐渐减弱。该结果表明，员工持股计划参与人数超过管理层人数具有积极意义，能缓解管理层与普通员工的薪酬矛盾，充分激发企业内部各层级之间的协作动机，提高全要素生产率。但是，参与人数并非越多越好。由于员工持股计划本身的认购比例总体较低，当参与人数超过员工总数的32.86%时，ESOP的平均化倾向增大，员工容易产生"搭便车"心理，导致激励作用减弱，全要素生产率开始降低。当采用 OLS 法计算企业全要素生产率时，回归结果与前四列一致，验证了假设 H4-2。

表 4-6　员工持股计划公平性与企业全要素生产率（一）

变量	全样本		子样本		全样本		子样本	
	（1）	（2）	（3）	（4）	（5）	（6）	（7）	（8）
	TFP_LP	TFP_LP	TFP_LP	TFP_LP	TFP_OLS	TFP_OLS	TFP_OLS	TFP_OLS
People	0.156*	0.070	0.012	0.564*	0.344**	0.282	0.133	0.783*
	(1.87)	(0.40)	(0.09)	(1.84)	(2.17)	(0.80)	(0.57)	(1.65)
People^2	—	0.154	—	−0.858*	—	0.111	—	−1.298**
		(0.52)		(−1.85)		(0.20)		(−1.97)
Size	0.547***	0.547***	0.572***	0.566***	0.618***	0.618***	0.699***	0.830***
	(46.21)	(46.20)	(21.73)	(21.32)	(27.54)	(27.53)	(13.73)	(18.79)
Lev	1.054***	1.054***	1.047***	1.042***	2.013***	2.012***	2.151***	1.947***
	(17.29)	(17.27)	(8.37)	(8.34)	(17.95)	(17.94)	(8.77)	(9.43)
CFO	−0.010	−0.010	−0.805**	−0.816**	−1.665***	−1.666***	−3.063***	−1.927***
	(−0.07)	(−0.07)	(−2.49)	(−2.52)	(−6.36)	(−6.36)	(−4.97)	(−3.90)
Bigshare	0.334***	0.334***	0.363***	0.375***	0.518***	0.519***	0.625**	0.714***
	(5.91)	(5.92)	(2.64)	(2.72)	(4.73)	(4.73)	(2.34)	(3.04)
SOE	0.000	−0.000	0.094	0.089	−0.133***	−0.134***	0.061	0.110
	(0.02)	(−0.01)	(1.61)	(1.52)	(−3.00)	(−3.00)	(0.55)	(1.21)
Age	−0.050***	−0.050***	−0.010	−0.010	−0.101***	−0.101***	−0.120	−0.074
	(−3.48)	(−3.47)	(−0.27)	(−0.26)	(−3.56)	(−3.55)	(−1.64)	(−1.25)
Pay	0.060***	0.060***	0.010	0.009	0.057**	0.057**	−0.087	−0.059
	(4.13)	(4.13)	(0.32)	(0.28)	(2.00)	(2.00)	(−1.37)	(−1.07)

续表

变量	全样本		子样本		全样本		子样本	
	(1)	(2)	(3)	(4)	(5)	(6)	(7)	(8)
	TFP_LP	TFP_LP	TFP_LP	TFP_LP	TFP_OLS	TFP_OLS	TFP_OLS	TFP_OLS
ROA	3.413***	3.409***	3.837***	3.767***	4.188***	4.185***	4.985***	3.536***
	(13.57)	(13.53)	(7.51)	(7.41)	(9.42)	(9.39)	(5.29)	(4.41)
TQ	0.015**	0.015**	0.020	0.022	-0.025**	-0.024**	-0.021	-0.024
	(2.24)	(2.25)	(1.46)	(1.61)	(-2.03)	(-2.02)	(-0.80)	(-1.16)
Year	控制	控制	控制	控制	控制	控制	控制	控制
IND	控制	控制	控制	控制	控制	控制	控制	控制
截距项	1.231***	1.231***	0.958*	1.137**	7.000***	7.000***	6.006***	2.848***
	(5.33)	(5.33)	(1.74)	(2.05)	(16.15)	(16.15)	(5.52)	(3.02)
N	6760	6760	1162	1162	6760	6760	1162	1162
R^2	0.712	0.712	0.741	0.742	0.563	0.563	0.633	0.696
Adj_R^2	0.660	0.660	0.719	0.720	0.500	0.500	0.576	0.657

注：括号内为 t 值，***、**、* 分别表示在 1%、5% 和 10% 的统计水平上显著。

资料来源：笔者用 STATA15 回归后整理所得。

表 4-7 为高管与非高管认购差距与企业全要素生产率的实证检验结果。前两列结果显示，非高管在 ESOP 中的占比 Emshare 与被解释变量 TFP 的回归系数分别为 0.198、0.231，分别在 1%、5% 水平上显著为正，说明非高管认购比例越高，对企业全要素生产率的提升效果越好。（3）列、（4）列结果显示，高管和非高管认购比例差距 DAP1 与 TFP 的回归系数分别为 -0.002、-0.003，在 1% 和 5% 水平上显著为负，说明高管与非高管的人均认购比例差距越大，越不利于企业全要素生产率的提高。同理，（5）列、（6）列结果显示，高管与非高管人均认购股数差距 DAP2 与 TFP 的回归系数分别为 -0.152、-0.242，均在 10% 水平上显著为负，进一步验证了认购差距对企业全要素生产率的影响。高管与非高管认购差距越大，表明企业在实施员工持股计划过程中越倾向于对高管人员的激励而忽略了对非高管员工的激励。这种不公平激励的分配方式容易激发高管与非

高管之间的矛盾，不利于高管的领导工作和非高管积极执行任务。上述结论验证了本书对员工持股计划分配公平性的猜想，验证了假设 H4-3。

表 4-7　员工持股计划公平性与企业全要素生产率（二）

变量	（1）TFP_LP	（2）TFP_OLS	（3）TFP_LP	（4）TFP_OLS	（5）TFP_LP	（6）TFP_OLS
Emshare	0.198***	0.231**	—	—	—	—
	(3.35)	(2.12)				
DAP1	—	—	−0.002***	−0.003**	—	—
			(−2.72)	(−2.45)		
DAP2	—	—	—	—	−0.152*	−0.242*
					(−1.86)	(−1.76)
Size	0.554***	0.856***	0.548***	0.808***	0.539***	0.743***
	(23.44)	(19.11)	(14.83)	(11.19)	(14.47)	(12.15)
Lev	1.152***	2.109***	1.353***	2.492***	1.338***	1.534***
	(10.31)	(10.92)	(9.67)	(10.40)	(9.27)	(5.74)
CFO	−0.337	−0.910*	−0.448	−1.230*	−0.380	−1.148*
	(−1.15)	(−1.66)	(−1.21)	(−1.89)	(−1.02)	(−1.90)
Bigshare	0.318***	0.788***	0.170	0.514*	0.139	0.544**
	(2.63)	(3.58)	(0.97)	(1.68)	(0.79)	(1.98)
SOE	0.059	0.057	0.062	0.065	0.051	0.242**
	(1.09)	(0.61)	(0.76)	(0.46)	(0.64)	(2.09)
Age	−0.015	−0.096	−0.045	−0.122	−0.031	0.029
	(−0.45)	(−1.56)	(−0.92)	(−1.41)	(−0.58)	(0.36)
Pay	0.012	−0.078	0.040	−0.025	0.030	0.069
	(0.44)	(−1.49)	(1.04)	(−0.32)	(0.76)	(1.00)
ROA	3.507***	2.628***	3.585***	2.685**	3.355***	0.402
	(8.69)	(3.60)	(6.10)	(2.42)	(5.87)	(0.38)
TQ	0.012	−0.019	0.025	0.020	0.023	0.067***
	(0.95)	(−0.84)	(1.59)	(0.71)	(1.55)	(3.13)
Year	控制	控制	控制	控制	控制	控制

变量	（1）TFP_LP	（2）TFP_OLS	（3）TFP_LP	（4）TFP_OLS	（5）TFP_LP	（6）TFP_OLS
IND	控制	控制	控制	控制	控制	控制
截距项	1.102 **	1.552	1.133	2.201	1.515 **	5.645 ***
	(2.18)	(1.64)	(1.51)	(1.60)	(2.02)	(4.54)
N	1162	1162	1146	1146	1092	1092
R^2	0.737	0.662	0.745	0.671	0.734	0.738
Adj_R^2	0.732	0.658	0.740	0.667	0.731	0.734

注：括号内为 t 值，***、**、*分别表示在1%、5%和10%的统计水平上显著。

资料来源：笔者用STATA15回归后整理所得。

（3）风险性与企业全要素生产率。

表4-8为对员工持股计划风险性与企业全要素生产率的回归结果。结果显示，无论采用LP法还是OLS法计算企业全要素生产率，当以非杠杆方式实施员工持股计划的PSM样本进行回归时，ESOP与TFP的回归系数分别为0.087、0.151，在1%和5%水平显著为正。当以杠杆方式实施员工持股计划的PSM为样本进行回归时，ESOP与TFP的回归系数不显著。该结果表明，采用非杠杆方式时，员工持股计划的风险性较低，持股员工风险和收益较为对等，此时能较大程度提升员工积极性，进而对企业全要素生产率提高产生促进作用，验证了假设H4-4。

表4-8　员工持股计划风险性与企业全要素生产率

变量	（1）非杠杆 TFP_LP	（2）杠杆 TFP_LP	（3）非杠杆 TFP_OLS	（4）杠杆 TFP_OLS
ESOP	0.087 ***	−0.014	0.151 **	0.096
	(2.92)	(−0.32)	(2.51)	(1.12)
Size	0.507 ***	0.508 ***	0.563 ***	0.566 ***
	(26.31)	(17.06)	(14.37)	(9.53)

续表

变量	（1）非杠杆 TFP_LP	（2）杠杆 TFP_LP	（3）非杠杆 TFP_OLS	（4）杠杆 TFP_OLS
Lev	1.048 ***	1.208 ***	1.919 ***	2.383 ***
	（11.96）	（8.99）	（10.79）	（8.89）
CFO	-0.362 *	-0.424	-2.050 ***	-2.143 ***
	（-1.77）	（-1.34）	（-4.92）	（-3.40）
Bigshare	0.238 **	0.460 ***	0.440 **	0.897 ***
	（2.44）	（3.28）	（2.22）	（3.21）
SOE	0.003	0.033	-0.088	0.115
	（0.07）	（0.35）	（-1.13）	（0.61）
Age	-0.037	-0.076 **	-0.073	-0.166 **
	（-1.54）	（-2.00）	（-1.50）	（-2.17）
Pay	0.035	0.154 ***	-0.015	0.220 ***
	（1.50）	（4.43）	（-0.32）	（3.18）
ROA	4.076 ***	4.179 ***	4.530 ***	5.178 ***
	（12.07）	（8.00）	（6.61）	（4.97）
TQ	-0.017 *	-0.001	-0.064 ***	-0.056 **
	（-1.94）	（-0.04）	（-3.60）	（-2.04）
Year/IND	控制	控制	控制	控制
截距项	2.314 ***	1.189 *	8.752 ***	6.716 ***
	（6.20）	（1.87）	（11.55）	（5.30）
N	2014	838	2014	838
R^2	0.694	0.724	0.527	0.579
Adj_R^2	0.686	0.717	0.516	0.572

注：括号内为 t 值，*** 、** 、* 分别表示在1%、5%和10%的统计水平上显著。

资料来源：笔者用 STATA15 回归后整理所得。

（四）稳健性检验

为控制个体效应对实证结果的影响，本书在稳健性检验中采用面板固定效应模型进行检验。结果如表4-9和表4-10所示，结果与正文基本一致。

表4-9 稳健性检验：控制权、公平性与企业全要素生产率

变量	(1) TFP_LP	(2) TFP_LP	(3) TFP_OLS	(4) TFP_OLS	(5) TFP_LP	(6) TFP_LP	(7) TFP_OLS	(8) TFP_OLS	(9) TFP_LP	(10) TFP_OLS	(11) TFP_LP	(12) TFP_OLS
Ratio	0.010 (1.10)	0.038** (1.98)	0.042* (1.67)	0.041 (1.10)	—	—	—	—	—	—	—	—
Ratio^2	—	-0.006* (-1.65)	—	-0.005 (-0.75)	—	—	—	—	—	—	—	—
People	—	—	—	—	0.575*** (3.40)	1.755*** (4.72)	0.333 (1.06)	3.309*** (6.27)	—	—	—	—
People^2	—	—	—	—	—	-1.141*** (-2.83)	—	-2.220*** (-3.88)	—	—	—	—
DAP1	—	—	—	—	—	—	—	—	-0.006** (-2.51)	-0.013* (-1.72)	—	—
DAP2	—	—	—	—	—	—	—	—	—	—	-0.114* (-1.77)	-0.274* (-1.69)
Size	0.308*** (7.22)	0.307*** (7.20)	0.402*** (4.18)	0.524*** (6.33)	0.242*** (6.19)	0.283*** (6.76)	0.351*** (4.81)	-0.406*** (-6.84)	0.118*** (3.72)	2.722** (2.15)	0.695*** (2.07)	0.561*** (6.02)
Lev	0.514*** (4.08)	0.526*** (4.17)	0.646** (2.29)	0.930*** (3.80)	0.301*** (2.61)	0.549*** (4.46)	0.406* (1.88)	0.124 (0.71)	0.190* (1.84)	0.590 (1.43)	0.101 (0.96)	0.807*** (3.96)
CFO	-0.231 (-1.27)	-0.226 (-1.24)	-0.388 (-1.08)	-0.658* (-1.85)	-0.533*** (-2.95)	-0.284 (-1.59)	-0.793** (-2.35)	0.150 (0.59)	-0.224 (-1.47)	-0.785 (-1.22)	-0.225 (-1.44)	-0.380 (-1.24)

续表

变量	(1) TFP_LP	(2) TFP_LP	(3) TFP_OLS	(4) TFP_OLS	(5) TFP_LP	(6) TFP_LP	(7) TFP_OLS	(8) TFP_OLS	(9) TFP_LP	(10) TFP_OLS	(11) TFP_LP	(12) TFP_OLS
Bigshare	-0.353	-0.371	-0.540	-0.853*	-0.642***	-0.413*	-1.186***	-0.705**	0.255	0.324	0.253	0.435
	(-1.47)	(-1.54)	(-0.93)	(-1.82)	(-2.84)	(-1.76)	(-2.81)	(-2.11)	(1.32)	(0.42)	(1.21)	(1.44)
SOE	-0.184	-0.192	0.106	0.175	-0.095	-0.132	0.006	-0.054	-0.082	-0.207	-0.172*	0.038
	(-1.03)	(-1.07)	(0.31)	(0.50)	(-0.54)	(-0.75)	(0.02)	(-0.22)	(-0.90)	(-0.56)	(-1.79)	(0.33)
Age	0.404***	0.413***	0.524	0.815***	0.202	0.402***	0.253	-0.248	-0.007	-0.142	0.070	0.110
	(2.76)	(2.83)	(1.55)	(2.87)	(1.48)	(2.82)	(0.99)	(-1.22)	(-0.05)	(-0.25)	(0.49)	(1.04)
Pay	-0.003	-0.005	0.049	0.002	-0.124***	-0.007	-0.124	-0.025	0.009	-0.166	0.015	-0.082
	(-0.06)	(-0.12)	(0.54)	(0.02)	(-2.93)	(-0.15)	(-1.58)	(-0.40)	(0.24)	(-1.06)	(0.38)	(-0.75)
ROA	0.958***	0.964***	1.970***	1.689***	1.044***	0.925***	1.183**	0.120	0.666**	-0.243	0.457	0.455
	(3.42)	(3.45)	(3.40)	(3.11)	(3.31)	(3.37)	(2.01)	(0.31)	(2.44)	(-0.22)	(1.62)	(0.74)
TQ	0.030***	0.029***	0.009	0.058***	0.016*	0.028***	0.023	-0.006	0.017**	0.090***	0.017**	0.040***
	(3.42)	(3.33)	(0.44)	(3.38)	(1.87)	(3.25)	(1.46)	(-0.51)	(2.42)	(3.17)	(2.30)	(2.79)
Year/IND	控制	控制	控制	控制	控制	控制	控制	控制	控制	控制	控制	控制
截距项	7.755***	7.762***	10.759***	8.500***	9.791***	8.549***	14.913***	10.230***	1.686**	-44.747**	-10.729*	-2.243
	(8.32)	(8.34)	(4.82)	(4.69)	(11.83)	(9.32)	(9.66)	(7.86)	(2.20)	(-1.98)	(-1.78)	(-1.46)
N	1162	1162	1162	1162	1162	1162	1162	1162	1146	1146	1092	1092
F	24.265	22.783	7.536	12.143	23.143	26.021	12.466	11.043	56.910	7.482	32.925	19.66
Adj_R²	0.313	0.316	0.184	0.197	0.350	0.345	0.225	0.183	0.612	0.495	0.635	0.769

注：括号内为 t 值，***、**、* 分别表示在 1%、5% 和 10% 的统计水平上显著。

资料来源：笔者用 STATA15 回归后整理所得。

表 4-10　稳健性检验：风险性与企业全要素生产率

变量	(1) 非杠杆 TFP_LP	(2) 杠杆 TFP_LP	(3) 非杠杆 TFP_OLS	(4) 杠杆 TFP_OLS
ESOP	0.073***	0.039	0.157***	0.082
	(3.08)	(0.89)	(3.27)	(1.08)
Size	0.478***	0.536***	0.540***	0.701***
	(17.13)	(11.87)	(10.42)	(9.71)
Lev	0.701***	1.014***	1.289***	1.865***
	(6.72)	(6.34)	(6.34)	(7.10)
CFO	0.038	-0.511*	-0.837***	-1.120**
	(0.19)	(-1.73)	(-2.59)	(-2.11)
Bigshare	0.257*	0.475***	0.396*	0.450
	(1.92)	(2.81)	(1.65)	(1.40)
SOE	0.048	0.078	-0.017	-0.084
	(1.02)	(0.60)	(-0.18)	(-0.40)
Age	0.021	-0.039	0.047	-0.138
	(0.64)	(-0.76)	(0.74)	(-1.42)
Pay	0.035	0.068	0.039	0.050
	(1.11)	(1.48)	(0.57)	(0.65)
ROA	1.324***	2.950***	1.654***	2.999***
	(3.49)	(6.67)	(2.97)	(3.37)
TQ	0.024***	0.026**	0.007	0.027
	(3.05)	(2.13)	(0.44)	(1.09)
Year	控制	控制	控制	控制
Firm	控制	控制	控制	控制
截距项	2.874***	0.916	8.719***	4.542***
	(5.17)	(1.07)	(8.80)	(3.06)
N	2014	838	2014	838
F	22.69	9.64	13.89	7.17
R^2	0.317	0.375	0.170	0.225
Adj_R^2	0.671	0.706	0.510	0.559

注：括号内为 t 值，***、**、*分别表示在 1%、5%和 10%的统计水平上显著。

资料来源：笔者用 STATA15 回归后整理所得。

三、员工持股计划制度设计差异对路径变量的影响

为进一步检验员工持股计划各条款的影响，本节对其控制权、公平性及风险性与企业创新、金融资产配置两个路径变量的关系展开分析。

（一）员工持股计划控制权的影响

控制权代表员工在企业中的剩余索取权和话语权。首先，从企业创新视角，员工持股计划控制权越高，员工个体利益与企业集体利益的趋同性越高，越有利于激发员工的集体主义观念，促进信息共享和协作，带动企业创新。其次，从金融资产配置的治理效应视角，提高员工持股计划占比有利于提高员工在企业中的话语权，形成对管理层的有效监督和约束，但占比过高也可能加剧员工资本逐利动机，导致对企业金融资产配置的纵容。表4-11为控制权与路径变量的关系检验结果。前两列结果中，仅以一次项变量 Ratio 参与检验时，Ratio 与企业创新 INNO 的回归系数为0.073，在5%水平上显著为正，加入二次项后，Ratio 的一次项系数仍显著为正，二次项回归系数为负但不显著，表明员工持股计划控制权越高，越可能促进企业创新。（3）列、（4）列中，仅以一次项变量参与回归时，Ratio 与 FIN 的回归系数为-0.003，在统计意义上不显著，加入二次项后，一次项的回归系数在5%水平显著为负，二次项的回归系数在5%水平显著为正。该结果表明，员工持股计划控制权对企业金融资产配置的影响呈"U"形，最优点位于 Ratio 等于3.5%时，即当员工认购比例低于3.5%时，员工持股计划能显著抑制企业金融化，但一旦超过这一比例，员工持股计划的治理效应减弱，金融化水平开始上升。

表 4-11 员工持股计划控制权对路径变量的影响

变量	（1）INNO	（2）INNO	（3）FIN	（4）FIN
Ratio	0.073**	0.163**	−0.003	−0.014**
	(2.26)	(2.36)	(−0.86)	(−2.24)
Ratio^2	—	−0.018	—	0.002**
		(−1.47)		(2.33)
Size	0.591***	0.582***	0.022**	0.023**
	(8.07)	(7.93)	(2.50)	(2.52)
Lev	0.195	0.201	−0.152***	−0.154***
	(0.60)	(0.62)	(−4.08)	(−4.12)
CFO	1.886**	1.877**	0.179**	0.182**
	(2.51)	(2.50)	(2.02)	(2.07)
Bigshare	−0.183	−0.159	−0.033	−0.034
	(−0.51)	(−0.44)	(−0.75)	(−0.76)
SOE	0.097	0.125	0.008	0.004
	(0.65)	(0.84)	(0.57)	(0.30)
Age	−0.259***	−0.245***	0.029***	0.029***
	(−2.73)	(−2.59)	(2.99)	(2.98)
Pay	0.125	0.129	−0.009	−0.010
	(1.47)	(1.52)	(−0.98)	(−1.01)
ROA	1.716	1.727	0.009	0.005
	(1.46)	(1.47)	(0.06)	(0.04)
TQ	0.007	0.006	0.010***	0.010***
	(0.23)	(0.19)	(2.73)	(2.74)
Year/IND	控制	控制	控制	控制
截距项	−11.899***	−11.760***	−0.263	−0.265
	(−7.16)	(−7.07)	(−1.53)	(−1.53)
N	1162	1162	1162	1162
R^2	0.447	0.447	0.243	0.247
Adj_R^2	0.436	0.437	0.182	0.185

注：括号内为 t 值，***、**、*分别表示在 1%、5% 和 10% 的统计水平上显著。

资料来源：笔者用 STATA15 回归后整理所得。

进一步与表 4-5 对比发现,控制权条款对企业创新、金融资产配置的影响趋势不完全一致,进而导致企业全要素生产率先升后降。具体表现为:①当控制权低于 3.5% 时,员工持股计划促进企业创新的同时能产生对管理层的监督治理效应,抑制高管为追求短期利润的过度金融资产配置行为,此时,激励和监督治理双重效应有利于提高企业全要素生产率;②当控制权在 3.5%~4% 时,员工持股计划促进企业创新的同时可能加剧管理层金融资产配置动机,但由于对创新的激励效应明显大于金融化程度,此时企业全要素生产率仍表现为递增趋势;③当控制权超过 4% 时,员工持股计划能进一步促进企业创新,但此时控制权提高后对管理层的监督机制失效,脱实向虚严重,对创新的激励效应弱于对金融资产配置的监督失效作用,导致企业全要素生产率水平开始下降。

(二) 员工持股计划公平性的影响

首先,从企业创新视角,创新产出是企业各层级员工信息共享、协同合作下的集体智慧结晶,离不开决策层和执行层的默契配合。员工持股计划的公平分配有利于协调各层级员工之间的利益冲突,构建相互激励、信息共享的利益共同体。其次,从金融资产配置的监督治理视角,公平分配有利于提高普通员工在参与监督治理中的话语权,通过投票行为约束管理层的不当金融资产配置。若员工持股计划更倾向管理层,认购差距过大,则使管理层的决策话语权进一步提升,员工参与治理行为失效。表 4-12 为对员工持股计划公平性与影响路径的关系的分析。表 4-12 前四列结果显示,非高管认购比例 Emshare 与 INNO 的回归系数为 0.358,在 10% 水平上显著为正,参与人数 People 的一次项回归系数为 0.096,在 10% 水平上显著为正,而二次项回归系数为 -0.018,在 5% 水平上显著为负,高管与非高管认购股数差距 DAP1 的回归系数为 -0.004,在 5% 水平上显著为负。上述结果表明,为促进企业创新,在员工持股计划实施过程中,员工参与的公平性越高,越有可能促进企业创新。(5) 列~(8) 列结果显示,非高管认购比例 Emshare 与企业金融化变量 FIN 的回归系数为 -0.049,在

1%水平上显著为负，参与人数 People 的一次项回归系数为-0.155，在1%水平显著为负，而二次项回归系数为0.318，在1%水平显著为正，认购差距 DAP1 的回归系数为0.012，在1%水平显著为负。上述结果表明，员工持股计划公平性对企业金融资产配置行为有一定的监督约束效应。

表4-12　员工持股计划公平性对路径变量的影响

变量	(1) INNO	(2) INNO	(3) INNO	(4) INNO	(5) FIN	(6) FIN	(7) FIN	(8) FIN
Emshare	0.358*	—	—	—	-0.049***	—	—	—
	(1.81)				(-3.03)			
People	—	-0.015	0.096*	—	—	0.042*	-0.155***	—
		(-1.00)	(1.68)			(1.74)	(-2.72)	
People²	—	—	-0.018**	—	—	—	0.318***	—
			(-1.99)				(3.81)	
DAP1	—	—	—	-0.004**	—	—	—	0.012***
				(-2.58)				(3.47)
Size	0.518***	-0.226	0.456	0.399***	0.028***	0.022***	0.020***	0.033***
	(7.12)	(-0.17)	(0.33)	(5.54)	(4.80)	(3.94)	(3.60)	(4.27)
Lev	0.325	0.258	0.299	0.461	-0.151***	-0.148***	-0.149***	-0.206***
	(0.95)	(0.56)	(0.65)	(1.37)	(-5.66)	(-5.70)	(-5.76)	(-5.58)
CFO	1.846**	1.786**	1.821**	1.661**	0.209***	0.184***	0.178***	0.220**
	(2.26)	(2.21)	(2.24)	(2.17)	(3.32)	(3.00)	(2.92)	(2.57)
Bigshare	-0.341	0.753	0.609	0.117	-0.036	-0.030	-0.027	-0.070*
	(-0.93)	(0.88)	(0.71)	(0.31)	(-1.20)	(-1.02)	(-0.93)	(-1.81)
SOE	0.103	0.170	0.186	0.159	0.007	0.005	0.002	-0.004
	(0.71)	(0.39)	(0.43)	(1.05)	(0.61)	(0.46)	(0.16)	(-0.24)
Age	-0.306***	0.740	0.725	-0.171*	0.024***	0.029***	0.030***	0.038***
	(-3.13)	(0.34)	(0.33)	(-1.77)	(3.50)	(4.35)	(4.53)	(3.41)
Pay	0.201**	0.239	0.255	0.204**	-0.013*	-0.009	-0.008	-0.012
	(2.33)	(1.43)	(1.52)	(2.31)	(-1.79)	(-1.24)	(-1.20)	(-1.38)

续表

变量	（1）INNO	（2）INNO	（3）INNO	（4）INNO	（5）FIN	（6）FIN	（7）FIN	（8）FIN
ROA	1.756	−0.834	−0.745	2.325 **	0.005	0.006	−0.011	−0.036
	(1.52)	(−0.72)	(−0.65)	(2.13)	(0.04)	(0.05)	(−0.10)	(−0.29)
TQ	−0.003	0.043	0.051 *	−0.015	0.009 ***	0.010 ***	0.010 ***	0.010 ***
	(−0.12)	(1.40)	(1.65)	(−0.50)	(3.71)	(3.95)	(4.19)	(2.91)
Year/IND	控制	控制	控制	控制	控制	控制	控制	控制
截距项	−10.019 ***	−1.152	−14.135	−8.957 ***	−0.315 ***	−0.250 **	−0.210 *	−0.445 ***
	(−6.51)	(−0.05)	(−0.56)	(−6.08)	(−2.68)	(−2.20)	(−1.85)	(−2.85)
N	1162	1162	1162	1146	1162	1162	1162	1146
R^2	0.445	0.076	0.082	0.479	0.202	0.206	0.221	0.237
Adj_R^2	0.422	0.053	0.061	0.467	0.181	0.183	0.192	0.213

注：括号内为 t 值，*** 、** 、* 分别表示在 1%、5% 和 10% 的统计水平上显著。

资料来源：笔者用 STATA15 回归后整理所得。

（三）员工持股计划风险性的影响

员工持股计划风险性影响持股员工收益和风险承担意愿，进而影响企业创新、金融资产配置行为。当采取非杠杆方式实施员工持股计划时，员工所获得的收益相对能得到保障，股票市场波动导致的持股损失风险相对降低，此时，持股员工不易因股票市场波动风险而过度关注短期利益，而会更倾向于关注实业、创新等有利于企业长远发展的范畴，进而促进企业创新，约束金融资产配置行为。表 4-13 为对员工持股计划风险性与企业创新、金融化关系的实证检验结果。前两列结果显示，在以非杠杆方式实施员工持股计划的 PSM 样本中，解释变量 ESOP 与企业创新 INNO 的回归系数为 0.164，在 5% 水平显著为正，而在以杠杆方式实施员工持股计划的 PSM 样本中，解释变量 ESOP 的回归系数为正但不显著。同理，（3）列、（4）列结果显示，在以非杠杆方式实施员工持股计划的 PSM 样本中，解释变量 ESOP 与企业金融化 FIN 的回归系数为 −0.016，在 5% 水平显著为负，而在以杠杆方式实施员工持股计划的 PSM 样本中，解释变量 ESOP 的回归系数为负但不显著，上述结果进一步表明，员工持股计划具有激励企业创新、约束管理层短视的金融资产配置行为的作用，在以非杠杆方式实施员工持股计划时效果更好。

表 4-13　员工持股计划风险性对路径变量的影响

变量	（1）非杠杆 INNO	（2）杠杆 INNO	（3）非杠杆 FIN	（4）杠杆 FIN
ESOP	0.164**	0.152	-0.016**	-0.011
	(1.98)	(1.24)	(-2.23)	(-0.96)
Size	0.507***	0.417***	0.005	0.014*
	(9.18)	(4.96)	(1.13)	(1.93)
Lev	0.073	0.127	-0.190***	-0.242***
	(0.30)	(0.34)	(-9.61)	(-7.31)
CFO	0.765	1.575*	0.150***	0.231***
	(1.36)	(1.78)	(3.24)	(2.95)
Bigshare	-0.123	-0.119	0.022	-0.085**
	(-0.46)	(-0.31)	(0.99)	(-2.46)
SOE	-0.232**	0.520*	0.001	0.035
	(-2.15)	(1.92)	(0.07)	(1.48)
Age	-0.258***	-0.286***	0.040***	0.040***
	(-3.84)	(-2.67)	(7.41)	(4.24)
Pay	0.353***	0.434***	-0.001	-0.006
	(5.52)	(4.46)	(-0.20)	(-0.68)
ROA	2.903***	0.640	0.023	0.161
	(3.03)	(0.42)	(0.30)	(1.24)
TQ	0.008	0.006	0.008***	0.008**
	(0.34)	(0.15)	(4.26)	(2.36)
Year/IND	控制	控制	控制	控制

变量	（1）非杠杆 INNO	（2）杠杆 INNO	（3）非杠杆 FIN	（4）杠杆 FIN
截距项	-11.363^{***}	-10.385^{***}	0.038	-0.023
	(-10.66)	(-5.70)	(0.45)	(-0.15)
N	1468	612	2012	838
F	29.462	18.892	13.078	7.482
Adj_R^2	0.397	0.491	0.178	0.208

注：括号内为 t 值，***、**、* 分别表示在 1%、5% 和 10% 的统计水平上显著。

资料来源：笔者用 STATA15 回归后整理所得。

四、本章小结

本章以 2014~2018 年中国沪深 A 股非金融上市公司中实施员工持股计划的企业为研究子样本，在依据"分蛋糕"理论对条款进行划分的基础上，依次检验员工持股计划控制权、公平性和风险性条款对企业全要素生产率的影响趋势，并进一步检验其对企业创新、金融资产配置两条路径的影响。结果显示：其一，员工持股计划控制权与企业全要素生产率呈倒"U"形关系，即当员工认购比例越多时，企业全要素生产率越高，当认购比例达到 4% 时效果最好，超过这一比例反而对企业全要素生产率产生负面影响。这说明员工与企业利益共享有利于充分激发员工积极性，进而提高企业全要素生产率，但过高的员工持股可能影响企业公司治理结构和大股东控制权，不利于企业效率的提高。由于政策对员工持股计划认购比例的限制，员工认购比例与企业全要素生产率的关系以正向促进效应为主。

其二，员工持股计划公平性越高，越有利于促进企业发展，具体表现为：参与员工持股计划的员工规模与企业全要素生产率呈倒"U"形关系，当参与人数不足企业员工总数的 32.86% 时效果较好。高管与非高管的认购差距越大，越可能激发企业内部各层级员工矛盾，导致全要素生产率折损。其三，员工持股计划风险性影响其实施效果，非杠杆方式实施的员工持股计划对企业全要生产率有显著提升效应。进一步研究表明，员工持股计划控制权对企业创新和金融资产配置具有不同影响，员工认购比例与企业创新呈正相关关系，与企业金融化呈"U"形关系，进而导致对企业全要素生产率呈先升后降的影响趋势；员工分配公平性越高或采用非杠杆方式实施员工持股计划时，对创新的激励效应和对金融化的监督治理效应也越好。本章研究结论在第三章的基础上进一步揭示了员工持股计划各条款的作用机理，对企业如何合理设计员工持股计划具有指导意义。

第五章

员工持股计划、资本要素市场与
企业全要素生产率

一、资本要素市场对员工持股计划与
企业全要素生产率的调节效应

（一）理论分析与研究假设

市场是资源配置的决定性因素，是企业提高资源利用效率的前提条件。资本是企业开展经营活动的物质基础。在现代经营制度下，企业发展所需的资本离不开市场为其提供的资金支持。市场包括股票市场和金融市场。

1. 股票市场的调节效应

市场有效性假说认为，股价遵循公平游戏（Fair Game）原则，即在法律制度完善、竞争充分的股票市场中，一切有价值的信息都能及时、准确、充分地反映在股价走势中，包括企业当前和未来的价值。市场有效性同时基于理性经济人分析投资者行为，认为投资者具有充分的信息，投资行为完全理性。换句话说，若资本市场是有效的，那么，企业的股票价格与企业价值具有完全协同性，股票信息质量较高。此时，资本市场的资源配置功能较好，能引导资源流向有较大发展潜力的企业，促进市场良性竞争和优胜劣汰。然而，市场完全有效的假设过于苛刻，信息噪音和羊群效应等非理性因素导致投资者只能做到有限关注，股价信息不完全（宋军和吴冲锋，2001；钱爱民和张晨宇，2018），导致股票价格波动与企业发展实力之间出现差距，存在企业价值被低估或高估的现象，错误地引导资源流向。市场越有效，投资者经验越丰富，企业的股票信息质量就越高，资源配置功能也越有效。

不同地区资本市场的发展程度和股票信息质量有所不同。对比可知，在美国、中国香港等相对发达的资本市场，投资者拥有较成熟的信息获取、分析能力及较丰富的投资经验，能做出相对科学的股票投资决策，股票价格与经济的协同性也更高，因此，更能反映企业真实的经营状况和潜在价值，而新兴资本市场投资者的专业性较弱，投资行为缺乏科学性（Edmans，2014；连立帅等，2019），股票价格的信息含量较低，反馈机制也较差（钟凯等，2018）。较少的信息含量加剧信息不对称，易形成逆向选择和道德风险（Mirrlees，1971），甚至表现为依靠政府引导进行资源调配，降低资源配置效率（郑志丹，2017）。同时，资本市场的股票投资行为还分为短期投资和长期投资。短期投资者看重股票的短期收益，属于投机行为，股票买卖的决策依据也并非企业价值，而长期投资者更关注企业的长远发展潜力，属于价值投资（Bekaert et al.，2010）。因此，当资本市场投资者成熟度越高、以价值投资为主时，投资者的股票买卖决策越能与企业价值呈现一致性，反之则导致企业价值被高估或被低估。

在此基础上，不同的资本市场环境对员工持股计划的实施效果产生不同的调节效应。在资本市场发展程度较高的企业，股票中包含的信息质量较高。此时，股票价格能较好地反映企业发展实力，员工在企业中的表现能迅速通过股价波动反映出来。为实现个人财富的增长，员工会积极贡献个人价值，提升企业质量。相反，若资本市场发展程度较低，股票中包含的信息质量较差，员工意识到个人努力与员工持股计划的持股收益无直接关系，则会缺乏动力贡献人力资本价值，导致企业全要素生产率的提升效果不显著。据此提出假设 H5-1：

H5-1：股价信息含量正向调节员工持股与企业全要素生产率的关系。

2. 债务融资市场的调节效应

资金是企业扩大再生产的物质支撑，外部融资能力是影响企业资源配置效率和全要素生产率的关键因素。若金融市场发展程度较高，市场资金更愿意流向有发展潜力的企业。此时，在员工持股计划充分激发员工积极性的基础上，高质量的融资能力为企业提供了资金源泉，资本和劳动力形成有序、高效组合，两种生产要素的协同性提高，从而提高全要素生产率。相反，若金融市场发展水平不足，金融机构借款的决策不是依据企业发展能力，而是根据产权性质、政府政策等产生融资偏好，则易导致资金不当配置（任曙明和吕镯，2014）。此时，有发展潜力的企业受资金约束，只能利用内部有限资金开展必要的活动。然而，内部资金无法满足企业投资、经营等所有需求，企业只能被动放弃有利的投资机会，导致资金利用率降低。同时，为获得金融机构的融资支持，企业须付出较高的利息成本，导致资金成本提高，资金利用率和回报率下降。因此，假设企业具有相同的人力资本特征，在实施员工持股计划后，债务融资环境较好的企业能减少资金对企业发展的限制，员工努力工作所获得的边际回报大幅提高，全要素生产率显著提升。而债务融资环境较差的企业受融资能力的限制，即使通过员工持股计划大幅提升了员工积极性和协作意愿，但资金限制成为企业进一步发展的瓶颈，导致员工持股计划对企业全要素生产率提升的治理效果减弱。据此，提出假设 H5-2：

H5-2：债务融资市场正向调节员工持股计划与企业全要素生产率的关系。

（二）研究设计

1. 模型设计

为验证资本要素市场中股价信息含量、融资环境约束对员工持股计划与企业全要素生产率的调节效应，本书依次构建包含交乘变量的多元线性回归模型（5-1）、模型（5-2）进行实证检验。其中，$TFP_{i,j}$ 为被解释变量，表示企业全要素生产率；$ESOP_{i,j}$ 为解释变量，表示企业是否实施员工持股计划，$SYN_{i,j}$ 为调节变量，代表股价信息含量，用股价同步性来衡量；$BANK_{i,j}$ 为调节变量，代表地区金融机构数量。验证假设 H5-1 和假设 H5-2，重点关注模型中交乘变量 $ESOP_{i,j} \times SYN_{i,j}$、$ESOP_{i,j} \times BANK_{i,j}$ 的回归系数 α_3 和 β_3，若回归系数在统计意义上显著为正，表明资本要素市场正向调节员工持股计划与企业全要素生产率的关系，若回归系数在统计意义上显著为负，则表明资本要素市场在其中发挥负向调节效应，否则不具有调节作用。

$$TFP_{i,j} = \alpha_0 + \alpha_1 ESOP_{i,j} + \alpha_2 SYN_{i,j} + \alpha_3 ESOP \times SYN_{i,j} + \alpha_4 Controls + \varepsilon \qquad (5-1)$$

$$TFP_{i,j} = \beta_0 + \beta_1 ESOP_{i,j} + \beta_2 BANK_{i,j} + \beta_3 ESOP \times BANK_{i,j} + \beta_4 Controls + \varepsilon$$

$$(5-2)$$

2. 变量定义

（1）股票市场发展水平（SYN）。

企业的股票价格通常能反映有关企业盈利能力和发展潜力等异质性信息，但不同发展水平的资本市场中股票价格的信息反映能力不同。已有研究表明，成熟资本市场的股票信息质量较高，股价对企业经营实力的反映越充分，不同企业的股票价格之间关联度越低。相反，在新兴资本市场中，投资者买卖行为受市场宏观环境的影响较大，而对企业自身特征不敏感，导致股票价格出现"同涨同跌"现象，股票信息质量较差（Wang and Yu，2013）。本书采用股价同步性衡量股票市场发展水平。股价同步性是指上市公司股票价格与资本市场股价直接的联动性，两者波动方向和波动幅度越一致，说明企业股价受市场宏观环境的影响越大，反映的企业异质性信息越少，股票信息质量越差。利用模型（5-3）和模型（5-4）计算股价同步性指标 SYN。其中，$R_{i,w,j}$ 为企业 i 的股票在第 j 年第 w 周考虑现金红利再投资的收益率，$R_{m,w,j}$ 为市场组合在第 j 年第 w 周采用等权平均法计算的收益率，$R_{ind,w,j}$ 为某行业股票在第 j 年第 w 周的股票收益率，w-1

表示滞后一周。根据模型（5-3）分年度分行业回归得到 $R_{i,w,j}$ 值，再根据模型（5-4）计算股价同步性指标 SYN。SYN 值越大，说明股价同步性越高，企业股票的信息质量越差，股票市场发展水平也较差。

$$R_{i,w,j} = \mu_0 + \mu_1 R_{m,w,j} + \mu_2 R_{m,w-1,j} + \mu_3 R_{ind,w,j} + \mu_4 R_{ind,w-1,j} + \varepsilon \tag{5-3}$$

$$SYN_{i,j} = \ln\left[\frac{R_{i,j}^2}{(1-R_{i,j}^2)}\right] \tag{5-4}$$

（2）债务融资市场发展水平（BANK）。

本章用上市公司所在地区当年度金融机构数量的自然对数来衡量。金融机构越多，表明企业所处的债务融资环境越好，越可能获得充分的资金支持。

3. 样本选取及数据来源

选取 2010~2018 年中国沪深 A 股上市公司为研究样本进行实证检验。其中，金融机构数量的数据来源于历年《中国统计年鉴》，其他关键变量数据主要来源于 CSMAR 数据库和 Wind 数据库。为克服异常值的影响，所有连续变量均经过 1% 和 99% 分位的双侧缩尾处理。数据处理和实证检验使用 STATA15 和 EXCEL2010 软件。

（三）实证检验

1. 描述性统计

表 5-1 是对主要变量描述性统计结果。由表可知，股票市场发展水平的代理变量 SYN 均值为 0.47，最小值为 0.06，最大值为 0.84，各企业股价中的信息含量存在较大差异。债务融资市场的代理变量 BANK 均值为 8.34，最小值 0.30，最大值 10.43，各地区金融机构数量也存在较大差异，进而影响企业融资能力。此外，我们以企业融资约束 SA 和股票异常收益率 RET 作为稳健性检验的替代变量，对此进行描述性统计后发现，企业 SA 和 RET 指标也存在较大差异。

表 5-1　主要变量描述性统计

变量	样本量	均值	标准差	最小值	p25	中位数	p75	最大值
TFP_LP	6760	14.54	1.01	9.89	13.87	14.43	15.10	18.85
TFP_OLS	6760	21.88	1.64	15.08	20.84	21.75	22.80	28.80
ESOP	6760	0.17	0.38	0	0	0	0	1.00
SYN	6760	0.47	0.18	0.06	0.33	0.47	0.61	0.84
BANK	6760	8.34	1.74	0.30	7.03	8.70	9.77	10.43
SA	6760	4.50	1.43	-0.20	3.52	4.29	5.23	13.60
RET	6760	0.10	0.57	-0.82	-0.28	-0.04	0.33	5.86

资料来源：笔者用STATA15统计分析所得。

2. 回归分析

应用模型（5-1）对假设H5-1和假设H5-2进行回归的结果如表5-2所示。其中，前两列为股价同步性的调节效应，用于验证假设H5-1。结果显示，当使用LP法计算企业全要素生产率时，解释变量ESOP与TFP_LP的回归系数为0.091，且在1%水平上显著为正，员工持股计划实施哑变量与企业全要素生产率呈正相关，实施员工持股计划能提升企业全要素生产率；调节变量SYN与被解释变量的回归系数为-0.148，在1%水平上显著，说明股价同步性与企业全要素生产率显著负相关，即股价信息含量越低，越不利于企业全要素生产率的提高；交乘项ESOP×SYN的回归系数为-0.048，在1%水平上显著，股价同步性负向调节ESOP与TFP的关系，说明股价的信息含量越低，员工持股计划对企业全要素生产率的提升效果越差，初步验证了假设H5-1。改变被解释变量衡量方法，采用OLS法回归后，关键变量的回归结果与（1）列基本一致，进一步验证了假设H5-1。上述结果表明，员工持股计划的激励效应受股价所能反映的企业信息含量的影响。当股价能较高质量地反映企业异质性信息时，企业潜在价值、员工努力工作对企业发展的贡献能及时通过股价波动表现出来，进而影响持股员工的个人财富。因此，为维护个人利益，员工更倾向于积极贡献人力资本价值以提升企业股价，从而提高企业全要素生产率。

表5-2 资本要素市场对员工持股计划与企业全要素生产率的调节效应

变量	(1) TFP_LP	(2) TFP_OLS	(3) TFP_LP	(4) TFP_OLS
ESOP	0.091***	0.140***	0.045***	0.090**
	(3.98)	(3.87)	(3.84)	(2.34)
SYN	-0.148***	-0.373***	—	—
	(-3.26)	(-4.04)		
ESOP×SYN	-0.048***	-0.084*	—	—
	(-3.70)	(-1.96)		
BANK	—	—	0.048***	0.086***
			(5.62)	(5.31)
ESOP×BANK	—	—	0.009***	0.016***
			(3.19)	(3.65)
Size	0.552***	0.644***	0.549***	0.636***
	(21.93)	(14.39)	(21.64)	(14.37)
Lev	0.947***	1.825***	0.957***	1.817***
	(7.81)	(6.99)	(9.09)	(7.37)
CFO	0.015	-1.531***	0.007	-1.625***
	(0.07)	(-4.85)	(0.03)	(-4.57)
Bigshare	0.224*	0.387***	0.222**	0.392***
	(2.03)	(2.97)	(2.37)	(3.52)
SOE	0.075	0.046	0.078	0.026
	(1.11)	(0.39)	(1.10)	(0.22)
Age	-0.044	-0.083	-0.040	-0.069
	(-1.16)	(-1.33)	(-1.10)	(-1.11)
Pay	0.068***	0.073	0.057**	0.039
	(3.32)	(1.71)	(2.86)	(0.87)
ROA	3.339***	3.996***	3.349***	4.171***
	(10.39)	(5.36)	(11.57)	(7.01)
TQ	0.016	-0.020	0.019*	-0.013
	(1.34)	(-1.24)	(1.76)	(-0.78)
Year	控制	控制	控制	控制

变量	（1） TFP_LP	（2） TFP_OLS	（3） TFP_LP	（4） TFP_OLS
IND	控制	控制	控制	控制
截距项	0.668	6.090 ***	0.694	5.515 ***
	（1.47）	（9.20）	（1.55）	（6.73）
N	6760	6760	6760	6760
R^2	0.727	0.593	0.709	0.581
Adj_ R^2	0.710	0.577	0.701	0.566

注：括号内为 t 值，*** 、** 、* 分别表示在 1%、5% 和 10% 的统计水平上显著。

资料来源：笔者用 STATA15 回归后整理所得。

假设 H5-2 的回归结果如表 5-2 中（3）列至（4）列所示。当采用 LP 法计算企业全要素生产率时，解释变量 ESOP 的回归系数为 0.045，表明员工持股计划实施后能显著提高企业全要素生产率，调节变量 BANK 的回归系数为 0.048，在 1% 水平上显著为正，说明当地金融机构数量与企业 TFP 正相关，交乘项 ESOP×BANK 的回归系数为 0.009，在 1% 水平上显著为正，表明债务融资环境能正向调节 ESOP 与企业 TFP 的关系，当地金融机构数量越多，实施员工持股计划对提高企业全要素生产率的作用越好。当采用 OLS 法计算企业全要素生产率时，关键变量的回归结果与（3）列基本一致。上述结果验证了假设 H5-2，表明员工持股计划发挥积极效应离不开债务融资市场环境的支持，企业所在省份的金融机构数量越多，融资环境越好，企业能够获得充足的资金支持发展实业，员工持股计划对人力资本的激励提升了企业整体积极性，融资市场为企业提供必要的发展资源，进而为企业发展提供资金支持，提高企业全要素生产率。

（四）稳健性检验

1. 改变关键变量衡量方法

对于股票市场发展水平，参考 Atje 和 Jovanovic（1993）的做法，采用股价异常波动率 RET 来衡量，对于债务融资市场发展程度，参考卢太平和张东旭（2014）的做法，用企业融资约束 SA 指数来衡量。融资约束 SA 的计算公式如模型（5-5）所示。SA 值越大，表明企业融资能力越强。稳健性检验结果如表 5-3 所示。由表可知，改变关键调节变量的衡量方法后，原结论依然稳健。

$$SA = -0.737 \times Size + 0.043 \times Size^2 - 0.04 \times Age^2 \tag{5-5}$$

表 5-3　稳健性检验：改变关键变量衡量方法

变量	（1）TFP_LP	（2）TFP_OLS	（3）TFP_LP	（4）TFP_OLS
ESOP	0.060**	0.106**	0.188**	0.358**
	(2.32)	(2.10)	(2.38)	(2.19)
RET	-0.341*	-0.657*	—	—
	(-1.94)	(-1.75)		
ESOP×RET	-1.057*	-1.609	—	—
	(-1.70)	(-1.36)		
SA	—	—	0.282***	0.399**
			(3.29)	(2.57)
ESOP×SA	—	—	0.052***	0.098***
			(3.23)	(3.08)
Size	0.546***	0.686***	0.183*	0.097
	(30.94)	(21.22)	(1.75)	(0.50)
Lev	1.033***	1.753***	1.070***	2.031***
	(12.84)	(11.67)	(11.85)	(11.56)
CFO	-0.244	-1.723***	0.005	-1.641***
	(-1.47)	(-5.58)	(0.03)	(-4.98)
Bigshare	0.202**	0.293**	0.321***	0.505***
	(2.28)	(2.29)	(3.44)	(2.73)
SOE	0.107***	0.015	-0.009	-0.143*
	(2.73)	(0.24)	(-0.20)	(-1.66)

续表

变量	（1）TFP_LP	（2）TFP_OLS	（3）TFP_LP	（4）TFP_OLS
Age	-0.047** (-2.17)	-0.094** (-2.29)	-0.030 (-1.16)	-0.072 (-1.43)
Pay	0.047** (2.20)	0.096*** (2.74)	0.064*** (2.78)	0.063 (1.37)
ROA	3.870*** (13.19)	3.715*** (8.29)	3.439*** (11.52)	4.201*** (7.45)
TQ	0.004 (0.37)	-0.002 (-0.20)	0.011 (1.43)	-0.030** (-2.09)
Year	控制	控制	控制	控制
IND	控制	控制	控制	控制
截距项	1.100*** (2.76)	5.889*** (7.50)	7.930*** (4.14)	16.623*** (4.73)
N	6760	6760	6760	6760
R^2	0.732	0.594	0.677	0.508
Adj_R^2	0.719	0.583	0.664	0.503

注：括号内为 t 值，***、**、*分别表示在 1%、5%和 10%的统计水平上显著。

资料来源：笔者用 STATA15 回归后整理所得。

2. 分组检验

分年度—行业计算调节变量的均值，分别以均值为分界点划分样本。首先，对于股票市场指标，计算股价同步性的年度—行业均值 MSYN，企业当年 SYN 大于等于均值时，视为高 SYN 样本，即股价信息含量较低的样本，企业当年 SYN 值小于均值时，视为低 SYN 样本，即股价信息含量较高的样本。对于金融市场指标，分年度计算金融机构数量的均值，当本企业所在地区金融机构数量高于均值时，视为高债务融资市场样本，否则为低债务融资市场样本。分组后对样本进行检验，结果如表 5-4 所示。可见，在股价信息含量较高的样本中，解释变量 ESOP 与被解释变量 TFP_

LP、TFP_OLS 的回归系数分别为 0.057、0.118，在 5% 和 1% 水平上显著为正，而在股价信息含量较低的样本中，解释变量 ESOP 与被解释变量 TFP_LP、TFP_OLS 的回归系数分别为 0.054、0.068，回归系数小于高股价信息含量样本，且均不显著。同理，在金融机构较多的样本中，解释变量 ESOP 与被解释变量 TFP_LP、TFP_OLS 的回归系数分别为 0.057、0.099，均在 5% 水平上显著为正，而在金融机构较少的样本中，解释变量的回归系数较小且均不显著。上述结果进一步验证了资本要素市场发展水平在其中的调节效应，表明原结论稳健。

表 5-4　稳健性检验：分组检验

变量	股价同步性低		股价同步性高		金融机构多		金融机构少	
	（1）	（2）	（3）	（4）	（5）	（6）	（7）	（8）
	TFP_LP	TFP_OLS	TFP_LP	TFP_OLS	TFP_LP	TFP_OLS	TFP_LP	TFP_OLS
ESOP	0.057**	0.118***	0.054	0.068	0.057**	0.099**	0.042	0.050
	（2.30）	（2.69）	（1.59）	（1.29）	（2.35）	（2.05）	（1.40）	（0.88）
Size	0.569***	0.661***	0.529***	0.619***	0.580***	0.689***	0.511***	0.567***
	（19.08）	（12.34）	（22.18）	（12.67）	（42.85）	（25.41）	（32.51）	（19.01）
Lev	0.945***	1.772***	0.958***	1.833***	1.084***	2.049***	0.849***	1.659***
	（9.17）	（7.06）	（7.54）	（6.63）	（17.31）	（16.34）	（12.18）	（12.55）
CFO	0.062	-1.370***	-0.062	-1.857***	0.114	-1.595***	0.079	-1.287***
	（0.27）	（-4.04）	（-0.20）	（-3.78）	（0.81）	（-5.67）	（0.48）	（-4.13）
Bigshare	0.256**	0.410***	0.174	0.337	0.207***	0.436***	0.200**	0.318**
	（2.81）	（3.02）	（1.45）	（1.60）	（3.02）	（3.17）	（2.54）	（2.13）
SOE	0.088	0.081	0.077	-0.003	0.140***	0.137**	0.007	-0.098*
	（1.30）	（0.69）	（0.91）	（-0.02）	（4.55）	（2.23）	（0.23）	（-1.78）
Age	-0.049	-0.099	-0.043	-0.059	-0.082***	-0.126***	-0.006	-0.018
	（-1.11）	（-1.23）	（-1.18）	（0.90）	（-4.60）	（-3.51）	（-0.31）	（-0.48）
Pay	0.044	0.026	0.064***	0.035	0.049***	0.013	0.059***	0.047
	（1.51）	（0.46）	（3.88）	（0.72）	（2.72）	（0.36）	（3.11）	（1.31）
ROA	3.241***	4.009***	3.399***	4.199***	2.841***	3.270***	3.629***	4.678***
	（9.05）	（4.72）	（8.54）	（6.78）	（12.01）	（6.90）	（13.88）	（9.43）

续表

变量	股价同步性低		股价同步性高		金融机构多		金融机构少	
	（1）	（2）	（3）	（4）	（5）	（6）	（7）	（8）
	TFP_LP	TFP_OLS	TFP_LP	TFP_OLS	TFP_LP	TFP_OLS	TFP_LP	TFP_OLS
TQ	0.030*	−0.001	0.008	−0.026	0.029***	0.010	0.014**	−0.029**
	(1.95)	(−0.05)	(0.77)	(−1.69)	(4.52)	(0.75)	(1.96)	(−2.18)
Year	控制	控制	控制	控制	控制	控制	控制	控制
IND	控制	控制	控制	控制	控制	控制	控制	控制
截距项	0.303	5.125***	1.124**	5.863***	0.679	6.382***	1.434***	6.666***
	(0.63)	(5.80)	(2.54)	(6.11)	(1.32)	(6.21)	(4.46)	(10.93)
N	3481	3481	3279	3279	3971	3971	2789	2789
R^2	0.697	0.572	0.714	0.578	0.722	0.572	0.718	0.605
Adj_R^2	0.697	0.566	0.709	0.571	0.712	0.566	0.714	0.598
Suest 检验	Chi^2 = 3.24 （P = 0.0691）				Chi^2 = 3.16 （P = 0.0626）			

注：括号内为 t 值，***、**、*分别表示在 1%、5% 和 10% 的统计水平上显著。

资料来源：笔者用 STATA15 回归后整理所得。

3. 工具变量

以 ESOP 在年度—行业—省份层面的均值 ESOP_IV 作为 ESOP 的替代变量，并采用两阶段最小二乘法（2SLS）进行稳健性检验（见表5-5）。可见在第一阶段，工具变量 ESOP_IV 与员工持股计划实施哑变量 ESOP 在 1% 水平上显著正相关，表明两者存在高度相关性，作为工具变量较合理。在第二阶段，构建工具变量 ESOP_IV 与调节变量 SYN、BANK 的交乘项并进行回归，结果显示，交乘变量 ESOP_IV×SYN 与被解释变量 TFP_LP、TFP_OLS 的回归系数分别为−0.334、−0.668，均在 5% 水平上显著为负，交乘变量 ESOP_IV×BANK 的回归系数分别为 0.095、0.164，均在 5% 水平显著为正，表明原结论稳健。

此外，为优化我国股票市场和投资者结构，我国政府提出进一步开放资本市场，其中，2014 年 11 月和 2016 年 12 月沪港、深港股票市场交易互联互通机制相继开通，是我国资本市场迈向双向开放的重要里程碑。沪

表5-5　稳健性检验：工具变量法

变量	第一阶段	第二阶段				2016年非沪深港通企业		2016年沪深港通企业	
	(1) ESOP	(2) TFP_LP	(3) TFP_OLS	(4) TFP_LP	(5) TFP_OLS	(6) TFP_LP	(7) TFP_OLS	(8) TFP_OLS	(9) TFP_LP
ESOP_IV	0.992*** (88.95)	—	—	—	—	—	—	—	—
ESOP	—	0.321*** (4.85)	0.623*** (4.57)	0.253** (2.71)	0.381 (1.67)	-0.007 (-0.09)	0.079 (1.30)	0.115* (1.85)	0.057* (1.91)
SYN	—	-0.138 (-1.58)	-0.306* (-1.74)	—	—	—	—	—	—
ESOP_IV×SYN	—	-0.334** (-2.78)	-0.668** (-2.57)	—	—	—	—	—	—
BANK	—	—	—	0.057*** (6.16)	0.111*** (5.53)	—	—	—	—
ESOP_IV×BANK	—	—	—	0.095** (2.70)	0.164** (2.14)	—	—	—	—
Size	0.028*** (5.72)	0.546*** (21.79)	0.618*** (13.24)	0.549*** (20.32)	0.623*** (12.51)	0.511*** (13.90)	0.766*** (20.16)	0.620*** (12.41)	0.566*** (22.51)
Lev	-0.084** (-2.16)	1.040*** (8.17)	1.999*** (7.15)	1.065*** (9.28)	2.029*** (7.42)	0.823*** (4.34)	1.751*** (9.47)	2.156*** (8.83)	1.054*** (8.54)
CFO	-0.202*** (-4.58)	-0.154 (-0.67)	-1.861*** (-4.20)	-0.055 (-0.24)	-1.759*** (-4.58)	0.053 (0.15)	-0.691** (-2.21)	-1.596*** (-2.65)	0.079 (0.27)

续表

变量	第一阶段	第二阶段				2016年非沪深港通企业		2016年沪深港通企业	
	(1) ESOP	(2) TFP_LP	(3) TFP_OLS	(4) TFP_LP	(5) TFP_OLS	(6) TFP_LP	(7) TFP_OLS	(8) TFP_OLS	(9) TFP_LP
Bigshare	-0.030	0.330***	0.510***	0.304**	0.459***	0.328	0.565***	0.334	0.317**
	(-1.10)	(3.14)	(4.18)	(2.85)	(3.44)	(1.55)	(3.16)	(1.22)	(2.31)
SOE	-0.035***	0.005	-0.117	0.029	-0.077	-0.015	-0.063	-0.125	0.016
	(-3.83)	(0.08)	(-1.08)	(0.43)	(-0.62)	(-0.21)	(-0.78)	(-1.12)	(0.28)
Age	0.018	-0.056*	-0.124**	-0.031	-0.063	-0.007	-0.054	-0.113	0.014
	(1.69)	(-1.76)	(-2.32)	(-0.95)	(-1.06)	(-0.14)	(-1.12)	(-1.58)	(0.39)
Pay	-0.006	0.076***	0.085*	0.037*	0.012	0.166***	0.076*	-0.029	0.009
	(-0.73)	(3.51)	(2.06)	(2.00)	(0.29)	(3.54)	(1.75)	(-0.46)	(0.29)
ROA	-0.194	3.476***	4.068***	3.370***	4.097***	2.392***	2.724***	4.172***	3.199***
	(-1.29)	(11.00)	(5.28)	(13.70)	(6.63)	(3.52)	(4.74)	(4.88)	(7.23)
TQ	0.006	0.010	-0.031	0.017*	-0.020	-0.005	-0.033*	-0.039*	0.004
	(1.50)	(0.89)	(-1.52)	(1.76)	(-1.20)	(-0.28)	(-2.18)	(-1.88)	(0.37)
Year/IND	控制	控制	控制	控制	控制	控制	控制	控制	控制
截距项	-0.551***	1.292**	7.108***	0.911*	6.381***	2.603***	3.679***	6.817***	1.686***
	(-5.44)	(2.69)	(7.56)	(1.87)	(6.70)	(3.40)	(5.01)	(6.64)	(3.25)
N	6760	6760	6760	6760	6760	4750	4750	2010	2010
R^2	0.409	0.677	0.519	0.671	0.514	0.561	0.585	0.527	0.707
Adj_R^2	0.403	0.674	0.513	0.667	0.510	0.576	0.581	0.525	0.698

注：括号内为 t 值，***、**、* 分别表示在1%、5%和10%的统计水平上显著。
资料来源：笔者用STATA15回归后整理所得。

深港通资本市场的开放对我国股票市场环境的优化具有不容忽视的作用，同时也为我们研究资本市场提供了外生的准自然实验。为此，我们以企业是否参与 2016 年以来沪深港交易互联互通机制为标准，将样本分为两组后重新进行检验，结果如表 5-5 中（6）列至（9）列所示。结果显示，在参与 2016 年沪深港通机制的企业样本中，解释变量 ESOP 与被解释变量 TFP 的回归系数显著为正，而在非沪深港通样本中，解释变量的回归系数不显著，表明在更换代理变量后，原结论依然稳健。

4. 面板效应

前文研究主要用 OLS 法进行回归，并未排除企业层面的异质性特征。为此，本书在稳健性检验中用随机效应和固定效应的面板模型重新进行回归，结果如表 5-6 所示。其中，前四列为随机效应检验结果，可见，当采用固定效应模型时，交乘变量 ESOP×SYN、ESOP×BANK 的回归系数和显著性与原结论基本一致，表明正文结论稳健。

表 5-6　稳健性检验：面板效应检验

变量	随机效应				固定效应			
	（1）	（2）	（3）	（4）	（5）	（6）	（7）	（8）
	TFP_LP	TFP_OLS	TFP_LP	TFP_OLS	TFP_LP	TFP_OLS	TFP_LP	TFP_OLS
ESOP	0.050***	0.070**	0.102	0.040	0.043**	0.059*	0.069	0.140
	(2.65)	(2.22)	(1.58)	(0.37)	(2.29)	(1.83)	(1.06)	(1.13)
SYN	-0.069**	-0.156***	—	—	-0.042	-0.090	—	—
	(-2.11)	(-2.84)			(-1.27)	(-1.61)		
ESOP× SYN	-0.037*	-0.066*	—	—	-0.035*	-0.061*	—	—
	(-1.80)	(-1.93)			(-1.74)	(-1.81)		
BANK	—	—	0.046***	0.067***	—	—	0.029*	0.022
			(6.50)	(5.56)			(1.78)	(0.70)
ESOP× BANK	—	—	0.008	0.010	—	—	0.014*	0.023*
			(1.11)	(0.85)			(1.69)	(1.76)

续表

变量	随机效应				固定效应			
	（1）	（2）	（3）	（4）	（5）	（6）	（7）	（8）
	TFP_LP	TFP_OLS	TFP_LP	TFP_OLS	TFP_LP	TFP_OLS	TFP_LP	TFP_OLS
Size	0.553***	0.751***	0.540***	0.730***	0.475***	0.679***	0.451***	0.581***
	(46.64)	(37.37)	(47.76)	(38.64)	(29.94)	(25.24)	(30.32)	(20.70)
Lev	0.651***	1.192***	0.654***	1.154***	0.566***	0.881***	0.554***	0.965***
	(13.69)	(14.87)	(14.35)	(15.26)	(10.01)	(9.18)	(10.42)	(9.61)
CFO	0.195**	-0.222	0.231***	-0.197	0.098	-0.154	0.106	-0.306*
	(2.28)	(-1.55)	(2.80)	(-1.46)	(1.11)	(-1.03)	(1.26)	(-1.92)
Bigshare	0.258***	0.411***	0.248***	0.450***	0.056	0.347**	0.002	0.293*
	(3.87)	(3.63)	(3.90)	(4.21)	(0.62)	(2.25)	(0.02)	(1.82)
SOE	-0.014	-0.120***	0.012	-0.075*	-0.182***	-0.377***	-0.213***	-0.361***
	(-0.53)	(-2.58)	(0.46)	(-1.66)	(-4.35)	(-5.29)	(-5.17)	(-4.65)
Age	0.016	0.050*	0.032*	0.083***	0.070**	0.219***	0.024	0.080
	(0.94)	(1.68)	(1.90)	(2.87)	(2.12)	(3.90)	(0.76)	(1.32)
Pay	0.041***	0.038	0.028*	0.019	-0.003	-0.018	-0.005	-0.018
	(2.72)	(1.49)	(1.92)	(0.78)	(-0.14)	(-0.58)	(-0.27)	(-0.55)
ROA	1.621***	1.396***	1.696***	1.574***	1.799***	1.347***	1.694***	1.679***
	(11.11)	(5.71)	(12.20)	(6.89)	(9.49)	(4.19)	(9.37)	(4.92)
TQ	0.037***	0.017**	0.035***	0.018***	0.039***	0.032***	0.040***	0.041***
	(8.86)	(2.41)	(9.06)	(2.83)	(8.85)	(4.21)	(9.60)	(5.21)
Year	控制	控制	控制	控制	控制	控制	控制	控制
Firm	控制	控制	控制	控制	控制	控制	控制	控制
截距项	2.173***	4.113***	2.140***	4.049***	4.497***	6.060***	4.038***	8.526***
	(8.43)	(9.36)	(8.78)	(9.83)	(13.96)	(11.09)	(12.68)	(14.19)
N	6760	6760	6760	6760	6760	6760	6760	6760
F	—	—	—	—	220.657	133.820	204.755	80.850
Adj_R²	—	—	—	—	0.283	0.096	0.224	-0.085

注：括号内为t值，***、**、*分别表示在1%、5%和10%的统计水平上显著。

资料来源：笔者用STATA15回归后整理所得。

二、员工持股计划制度设计差异下资本要素市场的调节效应

为验证员工持股计划制度设计差异在不同要素市场环境下对企业全要素生产率的影响，结合第四章的划分方法，本书进一步检验员工持股计划控制权、公平性和风险性在不同分组下的结果差异。

（一）资本要素市场对控制权与企业全要素生产率关系的调节效应

表5-7为对员工持股计划控制权与企业全要素生产率关系的分组检验。(1)列、(2)列结果显示，在股价信息含量较高的样本中，控制权Ratio 与 TFP_OLS、TFP_LP 的回归系数为 0.050、0.025，在 10% 水平上显著为正，而在 (3) 列、(4) 列显示，在股价信息含量较低的样本中，控制权 Ratio 与 TFP_OLS、TFP_LP 的回归系数为 0.026、-0.001 且不显著。该结果表明，员工持股计划实施过程中，员工持股比例越高，对企业全要素生产率的提升效果越好，该作用主要体现在股价同步性较低的样本中。股价同步性较低时，股价波动能更好地反映企业的经营状况，股价会及时随着企业价值和发展潜力的提升而上涨。此时，员工认购企业股票与企业长期价值的关联度提升。相比之下，股价同步性较低时，股价对企业发展潜力的反映敏感度较低，股价波动受宏观市场环境的影响较大，员工持股计划实施后员工与企业长期价值的利益趋同性被削弱，员工更可能为迎合市场变化而更加关注企业短期利益，导致全要素生产率的折损。因此，在股价信息含量较高的企业中实施员工持股计划后，ESOP 所有权越高，员工利益与企业价值的关联度也越高，此时员工更有可能为维护个人

财富和企业长远利益而积极贡献个人的人力资本价值，进而提升企业全要素生产率。表5-7前四列结果验证了股票市场对员工持股计划控制权与企业全要素生产率正相关性的调节效应。

表5-7 控制权与企业全要素生产率关系的分组检验

变量	股价同步性低		股价同步性高		金融机构少		金融机构多	
	(1)	(2)	(3)	(4)	(5)	(6)	(7)	(8)
	TFP_OLS	TFP_LP	TFP_OLS	TFP_LP	TFP_OLS	TFP_LP	TFP_OLS	TFP_LP
Ratio	0.050*	0.025*	0.026	−0.001	0.000	−0.007	0.056***	0.022**
	(1.92)	(1.71)	(1.13)	(−0.16)	(0.02)	(−0.37)	(2.71)	(3.24)
Size	0.869***	0.590***	0.863***	0.589***	0.752***	0.510***	0.954***	0.636***
	(13.24)	(18.17)	(14.75)	(15.87)	(11.39)	(9.82)	(17.01)	(31.63)
Lev	1.975***	1.041***	1.937***	1.058***	2.281***	1.339***	1.735***	0.932***
	(7.17)	(5.70)	(7.41)	(8.48)	(7.60)	(8.61)	(7.45)	(5.19)
CFO	−0.563	0.392	−1.244*	−0.750**	0.011	0.348	−1.202*	−0.390
	(−0.73)	(1.21)	(−1.70)	(−3.48)	(0.01)	(1.28)	(−1.72)	(−0.84)
Bigshare	0.921***	0.465*	0.709**	0.418***	0.808**	0.657**	0.645**	0.231
	(2.96)	(2.22)	(2.27)	(4.81)	(1.99)	(3.22)	(2.45)	(1.76)
SOE	−0.002	0.051	−0.035	0.072***	−0.156	−0.030	0.259*	0.230**
	(−0.01)	(1.51)	(−0.28)	(7.27)	(−1.35)	(−1.20)	(1.83)	(3.92)
Age	−0.093	0.010	−0.111	−0.006	−0.116	0.050	−0.092	−0.016
	(−1.05)	(0.23)	(−1.40)	(−0.19)	(−1.15)	(1.85)	(−1.36)	(−0.63)
Pay	−0.047	0.036	−0.073	0.026	−0.018	0.022	−0.166**	−0.013
	(−0.61)	(1.04)	(−1.06)	(0.73)	(−0.22)	(1.01)	(−2.51)	(−0.72)
ROA	2.195**	2.857***	3.189***	3.722***	2.555***	3.452***	2.499**	3.371***
	(2.00)	(7.85)	(3.53)	(9.32)	(2.59)	(13.10)	(2.54)	(6.65)
TQ	−0.021	0.006	0.023	0.033	−0.020	0.009	0.025	0.027
	(−0.75)	(0.38)	(0.69)	(1.18)	(−0.73)	(0.69)	(0.88)	(1.30)
Year	控制	控制	控制	控制	控制	控制	控制	控制
IND	控制	控制	控制	控制	控制	控制	控制	控制
截距项	0.368	0.790	2.344*	1.544	4.197***	2.786*	1.825*	1.523***
	(0.27)	(1.49)	(1.94)	(1.92)	(2.89)	(2.60)	(1.66)	(6.60)

变量	股价同步性低		股价同步性高		金融机构少		金融机构多	
	（1）	（2）	（3）	（4）	（5）	（6）	（7）	（8）
	TFP_OLS	TFP_LP	TFP_OLS	TFP_LP	TFP_OLS	TFP_LP	TFP_OLS	TFP_LP
N	606	606	556	556	453	453	709	709
R^2	0.652	0.751	0.672	0.729	0.651	0.719	0.682	0.766
Adj_R^2	0.643	0.734	0.655	0.727	0.646	0.712	0.675	0.759
Suest 检验	$Chi^2 = 5.20$（P = 0.0226）				$Chi^2 = 2.96$（P = 0.0851）			

注：括号内为 t 值，***、**、* 分别表示在 1%、5% 和 10% 的统计水平上显著。

资料来源：笔者用 STATA15 回归后整理所得。

（5）列至（8）列结果显示，在当地金融机构较多的样本中，解释变量 Ratio 与企业全要素生产率的回归系数为 0.056、0.022，在 1% 和 5% 水平上显著为正，而在当地金融机构较少的样本中，两者不显著。若企业处在相对良性的融资环境中，发展潜力较高、资金需求较多的企业也有充足的环境获得足够的融资，进而支持企业的进一步发展。因此，当企业实施员工持股计划后，在债务融资市场发展水平高、融资约束较低的企业样本中，企业更有可能突破人力资源的壁垒，充分激发员工积极性，提升企业活力，进而提高全要素生产率，员工认购比例越高，对人力资本的激励效应越强，对企业发展的改善效果也越好。而在债务融资市场发展水平较低、融资约束较强的企业中，资金不足成为约束企业进一步发展的壁垒，巧妇难为无米之炊，员工积极性对此类企业全要素生产率的提升效果较差。上述结果验证了本书猜想，表明员工积极性改善并提升企业发展实力的作用需要获得充分的资本市场支持，企业股价所带来的收益率和企业融资能力是员工持股发挥作用的前提条件。

（二）资本要素市场对公平性与企业全要素生产率关系的调节效应

以参与人数 People 衡量公平性，表 5-8 为员工持股计划公平性对企业全要素生产率的分组检验。（1）列至（4）列结果显示，在股价同步性较低的样本中，ESOP 持股人数 People 与企业全要素生产率 TFP_OLS、TFP_LP 的回归系数分别为 0.568、0.223，在 1% 和 10% 水平上显著为正，而在高股价同步性样本中，两者的回归系数为负且不显著，说明员工持股计划分配公平性越高，对企业全要素生产率的提升作用越好，这种正相关性在股价信息含量较高的企业中更好，进一步验证了股票市场在员工持股计划公平性与企业全要素生产率之间的调节效应。

（5）列至（8）列结果显示，在当地金融机构较少的样本中，变量 People 与企业全要素生产率 TFP 为负但不显著，在当地金融机构较多的样本中，People 与企业全要素生产率 TFP_OLS、TFP_LP 的回归系数分别为 0.725、0.395，在 1% 和 5% 水平上显著为正。上述结果表明，员工持股计划公平性与企业全要素生产率的正向关系在融资环境越好的环境下越显著。

表 5-8　公平性与企业全要素生产率关系的分组检验

变量	股价同步性低		股价同步性高		金融机构少		金融机构多	
	（1）	（2）	（3）	（4）	（5）	（6）	（7）	（8）
	TFP_OLS	TFP_LP	TFP_OLS	TFP_LP	TFP_OLS	TFP_LP	TFP_OLS	TFP_LP
People	0.568***	0.223*	−0.313	−0.141	−0.103	−0.141	0.725***	0.395**
	(5.30)	(2.41)	(−1.26)	(−0.78)	(−0.36)	(−1.07)	(8.26)	(3.36)
Size	0.853***	0.583***	0.845***	0.588***	0.732***	0.511***	0.950***	0.634***
	(12.19)	(19.52)	(18.49)	(17.17)	(10.55)	(11.79)	(22.19)	(30.21)
Lev	2.007***	1.060***	1.929***	1.045***	2.317***	1.332***	1.786***	0.962***
	(5.01)	(5.44)	(10.49)	(9.76)	(12.03)	(9.01)	(4.53)	(5.39)
CFO	−0.706	0.394	−1.322***	−0.785**	−0.057	0.306	−1.288**	−0.370
	(−1.59)	(1.14)	(−9.40)	(−4.15)	(−0.09)	(1.11)	(−3.18)	(−0.78)
Bigshare	0.925**	0.434	0.721***	0.409***	0.694	0.619*	0.766**	0.247
	(3.02)	(1.91)	(6.66)	(4.81)	(1.64)	(2.53)	(4.10)	(1.80)
SOE	−0.030	0.045	−0.014	0.076**	−0.151	−0.024	0.235*	0.214***
	(−0.45)	(1.13)	(−0.42)	(3.10)	(−2.04)	(−1.04)	(2.56)	(5.24)

续表

变量	股价同步性低		股价同步性高		金融机构少		金融机构多	
	(1)	(2)	(3)	(4)	(5)	(6)	(7)	(8)
	TFP_OLS	TFP_LP	TFP_OLS	TFP_LP	TFP_OLS	TFP_LP	TFP_OLS	TFP_LP
Age	-0.069	0.011	-0.111*	-0.005	-0.112	0.045	-0.093*	-0.021
	(-1.03)	(0.27)	(-2.77)	(-0.16)	(-1.99)	(2.12)	(-2.41)	(-0.79)
Pay	-0.047	0.037	-0.061	0.027	-0.026	0.017	-0.161***	-0.012
	(-1.16)	(0.99)	(-2.12)	(0.80)	(-0.60)	(0.72)	(-13.53)	(-0.58)
ROA	2.117**	2.934***	3.403***	3.772***	2.807**	3.479***	2.243***	3.369***
	(3.15)	(7.47)	(6.12)	(11.21)	(3.54)	(13.93)	(7.08)	(6.12)
TQ	-0.044	-0.001	0.011	0.030	-0.039**	0.006	0.009	0.021
	(-1.32)	(-0.07)	(0.24)	(1.12)	(-4.37)	(0.69)	(0.21)	(1.02)
Year	控制	控制	控制	控制	控制	控制	控制	控制
IND	控制	控制	控制	控制	控制	控制	控制	控制
截距项	0.779	0.956	2.739**	1.586	4.745**	2.804**	1.894**	1.561***
	(0.63)	(2.04)	(2.80)	(2.06)	(3.12)	(2.96)	(2.99)	(6.59)
N	606	606	556	556	453	453	709	709
R^2	0.645	0.737	0.659	0.730	0.648	0.717	0.681	0.765
Adj_R^2	0.642	0.733	0.654	0.726	0.645	0.712	0.675	0.761
Suest 检验	$Chi^2 = 5.42$ (P = 0.0199)				$Chi^2 = 5.34$ (P = 0.0208)			

注：括号内为 t 值，***、**、* 分别表示在 1%、5% 和 10% 的统计水平上显著。

资料来源：笔者用 STATA15 回归后整理所得。

（三）资本要素市场对风险性与企业全要素生产率关系的调节效应

基于是否通过向金融机构借款开展杠杆式员工持股计划对样本进行分组和一对一匹配后，分别检验不同股价信息含量下、不同金融机构数量下员工持股计划与企业全要素生产率的关系。结果如表 5-9 和表 5-10 所示。由表 5-9 可知，只有在低股价同步性（即股价信息含量较高）分组中，解释变量 ESOP 与被解释变量 TFP_OLS、TFP_LP 的回归系数在 5% 和 10%

水平上显著为正，而在其他分组不显著，表明当股价信息含量较高时，采用非杠杆方式实施员工持股计划能显著提高企业全要素生产率。由表 5-10 可知，只有在金融机构数量较多的分组中，解释变量 ESOP 与被解释变量 TFP_OLS、TFP_LP 的回归系数在 5% 和 10% 水平上显著为正，而在其他分组不显著，表明企业融资环境越好，采用非杠杆方式实施员工持股计划越能显著提高企业全要素生产率。

表 5-9　风险性与企业全要素生产率关系的分组检验（股价同步性）

变量	非杠杆				杠杆			
	股价同步性低		股价同步性高		股价同步性低		股价同步性高	
	（1）	（2）	（3）	（4）	（5）	（6）	（7）	（8）
	TFP_OLS	TFP_LP	TFP_OLS	TFP_LP	TFP_OLS	TFP_LP	TFP_OLS	TFP_LP
ESOP	0.186**	0.086*	0.067	0.053	0.043	0.004	0.127	0.090
	(2.14)	(1.92)	(0.79)	(1.06)	(0.31)	(0.05)	(1.01)	(1.21)
Size	0.745***	0.526***	0.832***	0.565***	0.712***	0.505***	0.756***	0.568***
	(10.21)	(14.64)	(13.43)	(15.76)	(7.26)	(8.87)	(9.10)	(10.26)
Lev	1.892***	1.041***	1.687***	0.987***	2.681***	1.491***	2.406***	1.283***
	(6.34)	(6.70)	(6.31)	(5.97)	(6.18)	(5.80)	(6.18)	(5.25)
CFO	−0.615	0.197	−1.460*	−0.936**	−0.808	−0.082	−1.640*	−0.549
	(−0.70)	(0.45)	(−1.96)	(−2.37)	(−0.65)	(−0.10)	(−1.72)	(−0.86)
Bigshare	0.753**	0.381**	0.397	0.003	0.999**	0.334	0.670*	0.595***
	(2.32)	(2.14)	(1.25)	(0.01)	(2.11)	(1.23)	(1.83)	(2.62)
SOE	−0.096	0.021	−0.094	0.031	0.030	−0.030	0.194	0.177*
	(−0.64)	(0.26)	(−0.70)	(0.37)	(0.13)	(−0.19)	(0.97)	(1.83)
Age	0.051	0.046	−0.105	−0.017	−0.020	0.029	−0.158	−0.081
	(0.57)	(0.99)	(−1.44)	(−0.42)	(−0.12)	(0.31)	(−1.19)	(−1.02)
Pay	−0.033	0.039	−0.177**	−0.040	0.282***	0.146**	0.069	0.083
	(−0.38)	(0.93)	(−2.44)	(−0.95)	(2.66)	(2.27)	(0.63)	(1.22)
ROA	2.039*	3.093***	3.439***	3.945***	3.906**	4.984***	3.555***	3.316***
	(1.75)	(4.88)	(3.25)	(7.09)	(2.30)	(4.32)	(2.82)	(4.44)

续表

变量	非杠杆				杠杆			
	股价同步性低		股价同步性高		股价同步性低		股价同步性高	
	（1）	（2）	（3）	（4）	（5）	（6）	（7）	（8）
	TFP_OLS	TFP_LP	TFP_OLS	TFP_LP	TFP_OLS	TFP_LP	TFP_OLS	TFP_LP
TQ	−0.065**	−0.014	−0.043	0.001	−0.023	−0.010	0.015	0.040
	（−2.28）	（−0.99）	（−1.46）	（0.08）	（−0.72）	（−0.57）	（0.31）	（1.49）
Year	控制	控制	控制	控制	控制	控制	控制	控制
IND	控制	控制	控制	控制	控制	控制	控制	控制
截距项	4.294***	2.550***	3.676***	2.327***	2.613	1.722	3.796**	1.566
	（3.37）	（3.86）	（3.07）	（3.19）	（1.35）	（1.60）	（2.47）	（1.61）
N	1009	1009	995	995	456	456	382	382
R^2	0.635	0.736	0.650	0.708	0.680	0.739	0.752	0.796
Adj_R^2	0.616	0.722	0.631	0.693	0.641	0.707	0.723	0.772
Suest 检验	$Chi^2 = 3.64$（P = 0.0208）				$Chi^2 = 3.26$（P = 0.0304）			

注：括号内为 t 值，***、**、* 分别表示在 1%、5% 和 10% 的统计水平上显著。

资料来源：笔者用 STATA15 回归后整理所得。

表 5−10　风险性与企业全要素生产率关系的分组检验（融资环境）

变量	非杠杆				杠杆			
	金融机构少		金融机构多		金融机构少		金融机构多	
	（1）	（2）	（3）	（4）	（5）	（6）	（7）	（8）
	TFP_OLS	TFP_LP	TFP_OLS	TFP_LP	TFP_OLS	TFP_LP	TFP_OLS	TFP_LP
ESOP	0.010	0.030	0.223**	0.096*	0.142	−0.021	0.015	0.126
	（0.13）	（0.74）	（2.55）	（1.73）	（1.14）	（−0.31）	（0.11）	（1.46）
Size	0.587***	0.471***	0.994***	0.649***	0.684***	0.457***	0.775***	0.612***
	（6.13）	（10.10）	（15.93）	（17.12）	（4.27）	（5.42）	（10.20）	（10.95）
Lev	2.113***	1.179***	1.520***	0.888***	2.751***	1.566***	2.439***	1.341***
	（8.78）	（9.17）	（4.48）	（4.12）	（7.43）	（7.56）	（4.70）	（4.03）

续表

变量	非杠杆				杠杆			
	金融机构少		金融机构多		金融机构少		金融机构多	
	（1）	（2）	（3）	（4）	（5）	（6）	（7）	（8）
	TFP_OLS	TFP_LP	TFP_OLS	TFP_LP	TFP_OLS	TFP_LP	TFP_OLS	TFP_LP
CFO	−1.241	−0.675*	−1.030	−0.245	−1.154	−0.610	−2.575**	−0.510
	（−1.57）	（−1.91）	（−1.34）	（−0.52）	（−1.16）	（−1.01）	（−2.08）	（−0.59）
Bigshare	0.799***	0.139	0.364	0.254	0.369	0.151	1.285**	0.968***
	（2.73）	（0.88）	（1.14）	（1.28）	（1.00）	（0.79）	（2.47）	（2.72）
SOE	0.048	0.076	−0.005	0.067	−0.290**	−0.059	0.608**	0.166
	（0.35）	（0.98）	（−0.04）	（0.87）	（−2.02）	（−0.75）	（2.17）	（0.90）
Age	0.114	0.082**	−0.130	−0.041	−0.025	0.003	−0.268**	−0.060
	（1.51）	（2.05）	（−1.57）	（−0.85）	（−0.15）	（0.03）	（−2.01）	（−0.70）
Pay	−0.138*	0.043	−0.082	−0.044	0.283***	0.142***	0.024	0.043
	（−1.81）	（1.24）	（−1.02）	（−0.91）	（3.01）	（2.61）	（0.22）	（0.63）
ROA	3.400***	3.805***	4.818***	4.494***	2.367*	3.704***	6.906***	5.803***
	（3.57）	（8.16）	（3.35）	（5.13）	（1.88）	（4.73）	（3.85）	（5.28）
TQ	−0.086***	−0.016	−0.064*	−0.009	0.011	0.012	−0.028	0.019
	（−3.23）	（−1.18）	（−1.66）	（−0.40）	（0.36）	（0.69）	（−0.28）	（0.43）
Year	控制	控制	控制	控制	控制	控制	控制	控制
IND	控制	控制	控制	控制	控制	控制	控制	控制
截距项	8.508***	3.867***	−1.335	−0.018	2.993	2.719*	3.701**	0.340
	（4.24）	（3.95）	（−0.98）	（−0.02）	（0.91）	（1.66）	（2.20）	（0.29）
N	771	771	623	623	351	351	244	244
R^2	0.446	0.558	0.608	0.636	0.493	0.572	0.665	0.726
Adj_R^2	0.420	0.537	0.585	0.615	0.442	0.529	0.614	0.684
Suest 检验	$Chi^2 = 8.05$ （P=0.0046）				$Chi^2 = 0.30$ （P=0.5819）			

注：括号内为 t 值，***、**、* 分别表示在 1%、5% 和 10% 的统计水平上显著。

资料来源：笔者用 STATA15 回归后整理所得。

三、本章小结

    本章以 2010~2018 年中国沪深 A 股上市公司为研究样本，实证检验了资本要素市场对员工持股计划和企业全要素生产率关系的调节效应。结果显示，一方面，股价信息含量能体现我国资本市场对企业价值的敏感度，股价信息含量越高，员工持股计划越可能绑定员工与企业利益，进而激发员工积极性，提高全要素生产率；另一方面，债务融资市场为企业提供资金支持，融资环境好的企业，可以避免因融资约束而错失研发等有利投资机会。员工持股计划实施后，对员工的整体激励效应促使企业内部实现对资金的高效利用，提高资金、劳动力之间的匹配度，进而提高企业全要素生产率。基于员工持股计划制度设计的进一步研究表明，员工持股计划控制权越高、公平性越高、风险性越低，越能对企业全要素生产率产生促进作用，这一效应主要体现在股票市场和债务融资市场发展程度较高的情境下，表明资本要素市场发展程度是发挥员工持股计划积极作用的关键物质环境支撑。

第六章

员工持股计划、劳动力要素市场与
企业全要素生产率

一、劳动力要素市场对员工持股计划与
企业全要素生产率的调节效应

根据资源依赖理论（Resource-Based View），人力资本是企业形成和维持竞争优势的重要资源之一（Castanias and Helfat，2001），外部劳动力市场竞争程度和内部人力资本禀赋的高低都会影响员工持股计划对企业全要素生产率的激励效果。为此，本书进一步研究内外部劳动力市场在其中的调节效应。

（一）理论分析与研究假设

1. 外部劳动力要素市场的调节效应

劳动力要素是企业发展的媒介，是企业经营活动执行层的重要组成部分。作为市场上可流动的资源，劳动力在企业中的稳定性影响团队默契程度、离职再招聘成本、员工对组织的认同感等，而影响员工稳定性的一个重要因素就是劳动力市场的供求关系和竞争关系。外部劳动力市场中供求

双方根据所在地区、行业内的竞争关系进行议价，进而决定劳动力工资水平和员工离职倾向（詹宇波等，2012；盛丹和陆毅，2016）。当劳动力供大于求，市场对劳动力的需求较小时，企业处于优势地位，企业能利用优势尽可能压低员工工资，不必担心员工因对薪酬不满而辞职。此时员工的工资议价能力较低，企业压低员工工资既能一定程度降低人力成本，又能保证人力资本的稳定性。所以当员工议价能力较低时，企业不会寻求更多样的薪酬激励计划。当劳动力供小于求，市场对劳动力需求较大时，劳动力相对企业雇主更占优势。此时，劳动力有较多的机会选择就职企业，或者当员工认为企业待遇不能满足员工需求或未达到市场平均水平时，员工会更倾向于辞职，选择更合适的企业。此时员工享有与雇主讨价还价的权利，工资议价能力较高。

外部劳动力市场的竞争程度和员工议价能力影响员工持股计划对企业全要素生产率的激励效应。当劳动力市场供小于求，员工占据相对主动的地位时，企业实施员工持股计划具有绑定员工、提高组织稳定性的积极效应。员工持股计划的关键特征在于，企业通过设置专门管理机构对员工持股计划进行统一管理，并设置超过一年的锁定期。这意味着持股员工个人无权单独决定股份在存续期内的出售、解锁，员工也不能随意退出股份。同时，员工持股计划参与人限定在与企业签订合同的成员内，员工离职将不再享有此权益。因此，员工持股计划有利于在这一激烈的劳动力竞争环境下降低员工离职率、吸引新鲜血液流入。具体而言，一方面，对于已签署雇佣协议的内部员工，员工持股计划能显著降低员工离职率（Core and Guay，2001）。而组织稳定性是企业内部协同合作、可持续发展的前提，稳定、默契的团队有利于员工的高效工作，进而提高企业全要素生产率。另一方面，对于市场中其他企业的员工，由于实施与未实施员工持股计划的企业在人力资本激励方面表现出明显差异，这会诱发未进行股权激励企业员工的不平衡心理，加剧离职动机，并吸引此类员工流入激励力度较大的企业中，为实施员工持股计划的企业增加新鲜血液。新成员的引进有利于形成对企业原有模式的冲击，新思想为企业发展提供了创新思路，进而提高企业全要素生产率。

当劳动力市场供小于求、员工议价能力较高时，员工离职倾向较高，不利于企业内部稳定、人才流入和团队高效合作，导致企业效率折损。员工持股计划能够降低此类企业的员工离职率，提高企业内部稳定性，并达到吸引人才的效果，进而改善企业全要素生产率。相反，当市场处于劳动力供大于求的局面、员工议价能力较低时，企业内部已签约的员工因较难寻得替代就职企业而更珍惜现有的就职机会，员工离职动机较小，此时员工持股计划的实施虽具有降低离职倾向的积极作用，但产生的边际贡献较小，也很难吸引其他企业人才的流入。此时，员工持股计划对企业全要素生产率的提升作用较弱。据此，提出假设 H6-1：

H6-1：外部劳动力市场对员工持股计划与企业全要素生产率发挥正向调节作用，即员工议价能力越高，员工持股计划对企业全要素生产率的提升效果越好。

2. 内部劳动力市场人力资本禀赋的调节效应分析

内部劳动力市场（Internal Labor Market）是相对外部劳动力市场而言的，是指企业内部因雇佣双方签订契约而形成受约束的组织的一种内部关系。内部劳动力市场中存在具有不同禀赋的人力资本，人力资本禀赋的高低差异使员工对企业发展产生不同的边际贡献。根据资源依赖理论，人力资本是企业形成和维持竞争优势的重要资源之一（Castanias and Helfat，2001），为企业发展提供用之不竭的动力。但人力资本对企业的边际贡献因人力资本禀赋的大小而存在差异。人力资本禀赋是指公司中所拥有的人力资本的丰歉程度，而人力资本价值本身也存在高低之分。不同属性的人力资本对企业做出的贡献不同。通常而言，人力资本禀赋越高，越能为企业提供专用资源，进而形成战略竞争优势。

当企业内部人力资本禀赋较高时，员工持股对高水平员工的股权激励行为能有效提升持股员工的积极性，此时，员工更愿意主动挖掘个人潜能，提高对企业发展的边际贡献，进而提高全要素生产率。相反，当人力资本禀赋较低时，员工持股计划的实施虽然同样能产生对内部员工的激励效应，但受个人能力的限制，员工积极性提高对企业发展的贡献较小，对企业全要素生产率的提升效果也较差。据此，提出假设 H6-2：

H6-2：人力资本禀赋对员工持股计划与企业全要素生产率发挥正向调节作用，即人力资本禀赋越高，员工持股计划对企业全要素生产率的提升效果越好。

（二）研究设计

1. 模型设计

为验证内外部劳动力要素市场的调节效应，本书依次构建包含交乘变量的多元线性回归模型（6-1）和模型（6-2）进行实证检验。其中，$TFP_{i,j}$ 为被解释变量，表示企业全要素生产率；$ESOP_{i,j}$ 为解释变量，表示企业是否实施员工持股计划，$WBP_{i,j}$ 代表企业外部劳动力市场竞争程度，用员工议价能力来衡量；$Hum_{i,j}$ 代表企业内部劳动力市场的人力资本禀赋。验证假设 H6-1 和假设 H6-2，重点关注模型中交乘变量 $ESOP_{i,j} \times WBP_{i,j}$、$ESOP_{i,j} \times Hum_{i,j}$ 的回归系数 α_3 和 β_3。若回归系数在统计意义上显著为正，表明劳动力市场环境正向调节员工持股计划与企业全要素生产率的关系，若回归系数在统计意义上显著为负，则表明劳动力市场环境在其中发挥负向调节效应，否则不具有调节作用。

$$TFP_{i,j} = \alpha_0 + \alpha_1 ESOP_{i,j} + \alpha_2 WBP_{i,j} + \alpha_3 ESOP_{i,j} \times WBP_{i,j} + \alpha_4 Controls_{i,j} + \varepsilon$$

$$(6-1)$$

$$TFP_{i,j} = \beta_0 + \beta_1 ESOP_{i,j} + \beta_2 Hum_{i,j} + \beta_3 ESOP_{i,j} \times Hum_{i,j} + \beta_4 Controls_{i,j} + \delta$$

$$(6-2)$$

2. 关键变量定义

（1）员工议价能力（WBP）。

员工议价能力是指员工与所在企业进行讨价还价，从而提高自身待遇或者通过跳槽获得更好就业机会的能力（谢申祥等，2019）。员工议价能力取决于劳动力市场的供求和竞争关系。当劳动力市场的就业机会较多时，劳动者比较容易从多个企业雇主中挑选满意度较高的公司，此时若员工认为企业薪资水平没有达到预期，会与雇主进行议价，以期提高个人回报，否则会选择离开企业。此时企业流失员工的风险较大，企业会尽可能提高福利待遇以留住人才，员工则通过与所在单位议价而获得较高的个人满足，即员工议价能力高。

我们参考 Kim 和 Ouimet（2014）的做法，假设劳动力在地理位置和行业的变更中具有迁移成本，则企业员工辞职或更换职业受到地理位置的限制和行业的约束，员工更倾向在较近位置的同行业企业参加工作，异地异行业的劳动力需求不太可能加剧本企业员工的辞职动机，并不影响员工议价能力。因此，计算 WBP 时基于地理位置和行业展开。第一步，计算劳动力总人数。由于上市公司通常具有规模较大、治理结构完善、发展较稳定等特点，上市公司员工若选择辞职，更愿意在其他上市公司之间挑选较合适的企业就职，选择非上市公司的可能性较小，因此，对上市公司员工是否议价或辞职构成威胁的企业主要为上市公司。同时，考虑到数据的可获得性和一致性，我们分行业、分地区汇总各年度上市公司的员工总数（$M_{t,p,j}$）。第二步，计算各上市公司员工人数（$E_{i,t}$）占劳动力总人数比重的平方和，即赫芬达尔指数（$H_{t,p,j}$）。该指标越小，表明企业间争取和吸引人才的竞争越激烈。第三步，用 1 减去赫芬达尔指数，所得值即为员工议价能力（$WBP_{i,p,t}$）。具体计算公式如模型（6-3）所示。$WBP_{i,p,t}$ 越大，表明员工议价能力越高。

$$WBP_{t,p,j} = 1 - H_{t,p,j} = 1 - \sum_{i=1}^{N} \left(\frac{E_{i,t}}{M_{t,p,j}} \right)^2 \tag{6-3}$$

（2）人力资本禀赋（Hum）。

借鉴 Barroso 等（2011）和王烨等（2018）的做法，以公司具有本科以上学历的员工占企业员工总数的比重、硕士以上学历的员工占企业员工总数的比重来衡量人力资本禀赋（Hum1、Hum2），借鉴程名望等（2016）和 Tuggle 等（2010）的做法，考虑到很多员工可能并未接受过理论教育，但"干中学"的积累过程也能增加人力资本价值，因此，以技术员工占企业员工总数的比重作为人力资本禀赋的替代变量进行稳健性检验。

3. 样本选取及数据来源

本章在第三章样本选取的基础上加入 2010~2018 年沪深 A 股上市公司员工议价能力和人力资本禀赋的相关数据进行实证检验，并对所有连续变量进行 1% 和 99% 分位的双侧缩尾处理。其中，员工持股计划相关数据来自 Wind 数据库，其他数据主要来源于国泰安 CSMAR 数据库。

（三）实证分析

1. 描述性统计

表 6-1 为关键变量描述性统计结果。其中，被解释变量 TFP 在采用 LP 法、OLS 法计算后，均值分别为 14.54、21.88，标准差分别为 1.01、1.64，最小值分别为 9.89、15.08，最大值分别为 18.85、28.80，表明上市公司样本中企业全要素生产率水平存在较大差距。外部劳动力市场竞争程度，即劳动力议价能力变量 WBP 的均值为 0.68，变量值从 0 至 0.99 不等，表明不同行业、不同地区的企业劳动力议价能力存在差异，但整体来看，劳动力市场存在一定的竞争力。人力资本禀赋变量 Hum1 的均值为 0.26，表明上市公司样本中本科学历以上员工占比平均仅达 26%，Hum1 变量最小值为 0，最大值为 0.97，表明企业间员工学历差距较大。同理，变量 Hum2 的均值为 0.04，最小值为 0，最大值为 0.82，表明上市公司中硕士学历以上的员工占比平均仅达到 4%，且企业间差异较大。进一步分年度观察企业内外部劳动力市场的变化，结果如表 6-2 所示。可见，变量 WBP、Hum1、Hum2 的均值基本呈逐年递增趋势，劳动力市场逐步完善，企业中员工的人力资本禀赋也在逐年增长，但增速较缓。

表 6-1　关键变量描述性统计

变量	样本量	均值	标准差	最小值	p25	中位数	p75	最大值
TFP_LP	6760	14.54	1.01	9.89	13.87	14.43	15.10	18.85
TFP_OLS	6760	21.88	1.64	15.08	20.84	21.75	22.80	28.80
ESOP	6760	0.17	0.38	0	0	0	0	1

变量	样本量	均值	标准差	最小值	p25	中位数	p75	最大值
WBP	6760	0.68	0.32	0	0.51	0.80	0.93	0.99
Hum1	6760	0.26	0.20	0	0.11	0.20	0.38	0.97
Hum2	6760	0.04	0.06	0	0.01	0.02	0.05	0.82

资料来源：笔者用 STATA15 统计分析所得。

表 6-2　劳动力市场逐年变化情况

变量	2011 年均值	2012 年均值	2013 年均值	2014 年均值	2015 年均值	2016 年均值	2017 年均值	2018 年均值
WBP	0.49	0.60	0.62	0.64	0.65	0.65	0.67	0.93
Hum1	0.24	0.23	0.24	0.25	0.26	0.28	0.29	0.29
Hum2	0.04	0.04	0.04	0.04	0.04	0.05	0.05	0.05
样本量	458	640	818	901	852	909	985	1119

资料来源：笔者用 STATA15 统计分析所得。

2. 回归分析

表 6-3 为内外部劳动力要素市场对员工持股计划与企业全要素生产率的调节效应检验结果。（1）列是以 LP 法计算企业 TFP 时，检验员工议价能力 WBP 对 ESOP 与 TFP 的调节效应。结果显示，解释变量 ESOP 的回归系数为 0.020，调节变量 WBP 的回归系数为 0.140，在 1% 水平上显著为正，交乘项 ESOP×WBP 的回归系数为 0.051，在 10% 水平上显著为正。同理在（2）列中，当用 OLS 法计算企业 TFP 时，解释变量 ESOP 的回归系数为 0.026，调节变量 WBP 的回归系数为 0.263，在 1% 水平上显著，交乘项 ESOP×WBP 的回归系数为 0.135，在 5% 水平上显著为正。该结果表明，员工议价能力显著正向调节员工持股计划与企业全要素生产率的关系，议价能力越高，表明企业员工越有可能在劳动力市场找到合适的工作，劳动力市场中供给方占主导地位。此时，实施员工持股计划能有效实现员工与企业的利益绑定，降低员工离职倾向，提高员工在组织内部的稳

定性和组织认同感，进而促使员工充分贡献个人价值，提高企业全要素生产率。

表 6-3　内外部劳动力要素市场的调节效应检验

变量	（1） TFP_LP	（2） TFP_OLS	（3） TFP_LP	（4） TFP_OLS	（5） TFP_LP	（6） TFP_OLS
ESOP	0.020	0.026	0.001	0.023	0.053*	0.059
	(0.73)	(0.47)	(0.03)	(0.36)	(1.76)	(1.10)
WBP	0.140***	0.263***	—	—	—	—
	(4.00)	(3.89)				
ESOP×WBP	0.051*	0.135**	—	—	—	—
	(1.72)	(2.22)				
Hum1	—	—	0.054	0.012	0.323	0.459
			(1.13)	(0.21)	(1.61)	(1.27)
ESOP×Hum1	—	—	0.228***	0.326*	0.808*	1.189*
			(2.62)	(1.82)	(1.85)	(1.82)
Size	0.541***	0.605***	0.544***	0.614***	0.552***	0.653***
	(45.86)	(26.93)	(45.39)	(27.03)	(39.24)	(24.28)
Lev	1.020***	1.936***	1.074***	2.032***	0.994***	1.946***
	(16.55)	(17.15)	(17.39)	(17.89)	(13.48)	(14.33)
CFO	-0.022	-1.688***	0.016	-1.682***	0.121	-1.711***
	(-0.15)	(-6.47)	(0.11)	(-6.33)	(0.68)	(-5.42)
Bigshare	0.340***	0.535***	0.339***	0.510***	0.427***	0.594***
	(6.04)	(4.89)	(5.94)	(4.60)	(6.21)	(4.56)
SOE	0.018	-0.097**	0.002	-0.121***	0.004	-0.087*
	(0.78)	(-2.18)	(0.11)	(-2.69)	(0.14)	(-1.65)
Age	-0.044***	-0.088***	-0.051***	-0.104***	-0.027	-0.076**
	(-3.04)	(-3.11)	(-3.51)	(-3.64)	(-1.55)	(-2.23)
Pay	0.057***	0.052*	0.055***	0.053*	0.057***	0.034
	(3.94)	(1.83)	(3.71)	(1.82)	(3.17)	(0.98)
ROA	3.370***	4.101***	3.397***	4.169***	3.240***	4.167***
	(13.49)	(9.29)	(13.40)	(9.31)	(11.09)	(8.14)

变量	(1) TFP_LP	(2) TFP_OLS	(3) TFP_LP	(4) TFP_OLS	(5) TFP_LP	(6) TFP_OLS
TQ	0.004 (0.64)	−0.047*** (−3.58)	0.013* (1.92)	−0.026** (−2.15)	0.016** (2.22)	−0.017 (−1.20)
Year	控制	控制	控制	控制	控制	控制
IND	控制	控制	控制	控制	控制	控制
截距项	1.357*** (5.87)	7.287*** (16.68)	1.273*** (5.43)	7.028*** (15.96)	1.125*** (4.05)	6.398*** (12.28)
N	6760	6760	6760	6760	6760	6760
R^2	0.675	0.521	0.672	0.571	0.675	0.577
Adj_R^2	0.663	0.504	0.660	0.500	0.662	0.507

注：括号内为 t 值，***、**、*分别表示在 1%、5%和 10%的统计水平上显著。

资料来源：笔者用 STATA15 回归后整理所得。

（3）列和（4）列为内部劳动力市场对员工持股计划与企业全要素生产率关系的调节效应检验结果。（3）列显示，当用 LP 法计算企业全要素生产率时，解释变量 ESOP 的回归系数为 0.001，调节变量 Hum1 的回归系数为 0.054，交乘变量 ESOP×Hum1 的回归系数为 0.228，在 1%水平上显著为正。同理（4）列显示，当用 OLS 法计算企业 TFP 时，解释变量 ESOP 的回归系数为 0.023，调节变量 Hum1 的回归系数为 0.012，交乘变量 ESOP×Hum1 的回归系数为 0.326，在 10%水平上显著为正。该结果表明，企业内部本科学历以上员工占比越高，实施员工持股计划对企业全要素生产率的提升效果越好。企业员工学历越高，人力资本禀赋越高，此时实施员工持股计划能缓解因信息、技能壁垒导致的代理问题，激励员工主动、充分挖掘个人潜力，进而提高企业全要素生产率。

（四）稳健性检验

1. 分组检验

若工资议价能力、人力资本禀赋能正向调节员工持股计划对企业全要素生产率的促进作用，则表明在议价能力较高、人力资本禀赋较高的企业样本中，员工持股计划与企业全要素生产率的正向关系也更显著。为此，本书采用分样本回归的方法重新检验劳动力市场的调节效应。首先，分年度—行业计算 WBP 的均值，并根据均值将样本区分为外部劳动力市场较活跃组和较不活跃组（议价能力较高和议价能力较低两组）。分组对样本进行回归的结果如表 6-4 中（1）列至（4）列所示。结果显示，无论采用 LP 法还是 OLS 法计算企业全要素生产率，ESOP 与 TFP 的正向关系都主要体现在议价能力较高的分组中，而另一组样本的回归系数不显著。同理，分年度—行业计算企业本科以上员工占比的均值，并根据均值区分人力资本禀赋较高组和人力资本禀赋较低组，分组对样本进行回归的结果如表 6-4 中（5）列至（8）列所示。结果显示，无论采用 LP 法还是 OLS 法，ESOP 与 TFP 的正向关系在人力资本禀赋较高组样本中和在人力资本禀赋较低组样本中均显著，但 ESOP 的回归系数和显著性在人力资本禀赋较高组显著高于人力资本禀赋较低组。上述结果进一步验证了内外部劳动力市场的调节效应，表明原结论稳健。

表 6-4 稳健性检验：分组检验

变量	低 WBP		高 WBP		低 Hum1		高 Hum1	
	（1）	（2）	（3）	（4）	（5）	（6）	（7）	（8）
	TFP_LP	TFP_OLS	TFP_LP	TFP_OLS	TFP_LP	TFP_OLS	TFP_LP	TFP_OLS
ESOP	0.044	0.060	0.058***	0.092**	0.051**	0.068*	0.129***	0.262***
	（1.05）	（0.84）	（2.66）	（2.35）	（2.35）	（1.78）	（2.83）	（3.17）
Size	0.589***	0.780***	0.555***	0.769***	0.517***	0.687***	0.561***	0.769***
	（26.88）	（20.99）	（40.81）	（34.62）	（34.01）	（27.53）	（20.65）	（17.17）
Lev	1.034***	1.679***	1.052***	1.871***	1.087***	1.811***	0.813***	1.828***
	（9.04）	（9.20）	（15.51）	（17.04）	（16.37）	（17.24）	（5.96）	（7.26）
CFO	0.625**	-0.428	-0.134	-0.857***	0.174	-0.593**	-0.289	-1.790***
	（2.54）	（-1.16）	（-0.77）	（-3.06）	（1.08）	（-2.39）	（-0.98）	（-3.66）

续表

变量	低 WBP		高 WBP		低 Hum1		高 Hum1	
	（1）	（2）	（3）	（4）	（5）	（6）	（7）	（8）
	TFP_LP	TFP_OLS	TFP_LP	TFP_OLS	TFP_LP	TFP_OLS	TFP_LP	TFP_OLS
Bigshare	0.559***	0.804***	0.283***	0.473***	0.342***	0.502***	0.555***	0.720***
	（5.22）	（4.64）	（4.50）	（4.26）	（5.47）	（4.76）	（4.21）	（3.36）
SOE	−0.088**	−0.224***	0.124***	0.099**	−0.048*	−0.172***	0.152***	0.122
	（−2.39）	（−3.48）	（4.36）	（2.11）	（−1.83）	（−3.89）	（3.16）	（1.48）
Age	−0.062**	−0.103**	0.016	−0.015	−0.013	−0.042	−0.004	−0.002
	（−2.51）	（−2.47）	（0.92）	（−0.50）	（−0.76）	（−1.49）	（−0.11）	（−0.03）
Pay	0.070***	0.132***	0.046***	−0.014	0.069***	0.074***	0.003	−0.049
	（2.64）	（2.99）	（2.71）	（−0.51）	（4.14）	（2.73）	（0.10）	（−0.98）
ROA	2.875***	2.528***	3.483***	3.067***	3.063***	2.558***	3.883***	5.210***
	（6.24）	（3.69）	（12.14）	（6.69）	（11.06）	（6.12）	（7.21）	（5.08）
TQ	0.030**	−0.018	0.007	−0.039***	0.004	−0.050***	0.022*	−0.031
	（2.49）	（−0.94）	（0.86）	（−2.86）	（0.50）	（−4.13）	（1.80）	（−1.15）
Year	控制	控制	控制	控制	控制	控制	控制	控制
IND	控制	控制	控制	控制	控制	控制	控制	控制
截距项	1.081***	2.937***	1.639***	3.612***	2.626***	5.300***	1.895***	3.578***
	（2.62）	（4.28）	（5.64）	（8.03）	（8.71）	（10.78）	（3.43）	（3.80）
N	2272	2272	4488	4488	5642	5642	1118	1118
R^2	0.692	0.633	0.695	0.615	0.579	0.505	0.769	0.731
Adj_R^2	0.678	0.615	0.680	0.598	0.574	0.497	0.763	0.724
Suest 检验	$Chi^2 = 3.36$（P = 0.0743）				$Chi^2 = 4.10$（P = 0.0430）			

注：括号内为 t 值，***、**、* 分别表示在 1%、5% 和 10% 的统计水平上显著。

资料来源：笔者用 STATA15 回归后整理所得。

2. 工具变量

分年度、分行业、分省份计算 ESOP 的均值作为替代变量 ESOP_IV，并将工会经费额度的自然对数作为外部劳动力市场（工资议价能力）的替代变量、技术员工占比作为内部劳动力市场（人力资本禀赋）的替代变量，分别计算 ESOP_IV 与它们的交乘项，并采用两阶段最小二乘法（2SLS）进行检验。已有研究表明，企业工会是员工进行议价的关键渠道，工会组织履职有利于提高员工议价能力（詹宇波等，2012），而工会组织与企业发展具有相当独立性，因此，将工会经费作为工资议价能力的替代变量。除通过接受教育提高人力资本禀赋外，"干中学"也是提高人力资本禀赋的重要方式，技术员工占比对于企业发展的重要性不容忽视。

因此，将技术员工占比作为人力资本禀赋的替代变量。稳健性检验结果如表 6-5 所示。由表可知，（1）列第一阶段回归结果显示，工具变量 ESOP_IV 与 ESOP 的回归系数为 0.992，在 1% 水平上显著为正，表明 ESOP_IV 作为 ESOP 的工具变量较合理。第二阶段回归结果显示，交乘项 ESOP_IV×WBP、ESOP_IV×Hum 的回归系数均与正文一致，表明原结论稳健。

表 6-5　稳健性检验：工具变量法

变量	（1）ESOP	（2）TFP_LP	（3）TFP_OLS	（4）TFP_LP	（5）TFP_OLS
ESOP_IV	0.992*** (88.95)	—	—	—	—
ESOP	—	0.364* (1.89)	0.649 (1.73)	0.007 (0.22)	0.012 (0.20)
WBP	—	0.004 (−1.20)	0.007 (−1.36)		
ESOP_IV×WBP	—	0.035*** (2.98)	0.061** (2.47)		
Hum	—	—	—	0.156*** (7.66)	0.372*** (10.64)
ESOP_IV×Hum	—	—	—	0.037* (1.94)	0.069** (2.02)

变量	（1）ESOP	（2）TFP_LP	（3）TFP_OLS	（4）TFP_LP	（5）TFP_OLS
Size	0.028 ***	0.568 ***	0.774 ***	0.569 ***	0.776 ***
	（5.72）	（20.63）	（18.07）	（48.17）	（39.68）
Lev	−0.084 **	1.051 ***	1.803 ***	1.019 ***	1.725 ***
	（−2.16）	（9.66）	（8.56）	（16.73）	（17.76）
CFO	−0.202 ***	0.172	−0.678	0.126	−0.805 ***
	（−4.58）	（0.72）	（−1.73）	（0.87）	（−3.58）
Bigshare	−0.030	0.358 ***	0.542 ***	0.347 ***	0.516 ***
	（−1.10）	（3.82）	（5.73）	（6.15）	（5.44）
SOE	−0.035 ***	0.020	−0.063	0.021	−0.063
	（−3.83）	（0.31）	（−0.65）	（0.92）	（−1.62）
Age	0.018	−0.021	−0.058	−0.015	−0.045 *
	（1.69）	（−0.64）	（−1.13）	（−1.06）	（−1.85）
Pay	−0.006	0.058 ***	0.043	0.065 ***	0.059 **
	（−0.73）	（3.06）	（1.13）	（4.45）	（2.44）
ROA	−0.194	3.196 ***	2.813 ***	3.248 ***	2.921 ***
	（−1.29）	（13.31）	（4.68）	（12.96）	（7.55）
TQ	0.006	0.014	−0.033 *	0.017 ***	−0.025 **
	（1.50）	（1.46）	（−2.04）	（2.66）	（−2.30）
Year	控制	控制	控制	控制	控制
IND	控制	控制	控制	控制	控制
截距项	−0.551 ***	1.603 ***	3.522 ***	1.223 ***	2.667 ***
	（−5.44）	（3.10）	（4.09）	（5.24）	（6.95）
N	6760	6760	6760	6760	6760
R^2	0.526	0.703	0.688	0.705	0.695
Adj_R^2	0.403	0.677	0.603	0.679	0.609

注：括号内为 t 值，*** 、** 、* 分别表示在1%、5%和10%的统计水平上显著。

资料来源：笔者用STATA15回归后整理所得。

3. 面板效应检验

正文的OLS多元线性回归方法中虽然控制了相关控制变量，但仍存在遗漏变量的嫌疑。为此，本书采用面板固定效应模型，控制企业个体效应和年度层面的时间效应，重新进行稳健性检验（见表6-6）。由表可知，当采用双向面板固定效应进行稳健性检验时，交乘变量 ESOP×WBP、ESOP×Hum 的回归系数均在统计意义上显著为正，表明控制个体和时间效应后，劳动力市场对员工持股计划与企业全要素生产率的正向调节效应依然成立，表明原结论稳健。

表6-6　稳健性检验：面板效应检验

变量	(1) TFP_LP	(2) TFP_OLS	(3) TFP_LP	(4) TFP_OLS
ESOP	0.075***	0.162***	0.029	−0.022
	(2.90)	(3.87)	(1.28)	(−0.52)
WBP	0.182**	0.271**	—	—
	(2.15)	(1.97)		
ESOP×WBP	0.098*	0.237**	—	—
	(1.67)	(2.49)		
Hum	—	—	0.053	0.018
			(0.88)	(0.68)
ESOP×Hum	—	—	0.026*	0.389***
			(1.77)	(3.49)
Size	0.568***	0.643***	0.447***	0.550***
	(4.96)	(22.53)	(29.15)	(19.22)
Lev	0.483***	0.885***	0.548***	1.071***
	(7.91)	(8.91)	(10.17)	(10.65)
CFO	0.191*	−0.207	0.140	−0.408**
	(1.89)	(−1.26)	(1.60)	(−2.49)
Bigshare	0.156	0.685***	0.042	0.322*
	(1.53)	(4.13)	(0.47)	(1.94)
SOE	−0.129***	−0.250***	−0.200***	−0.360***
	(−2.67)	(−3.18)	(−4.75)	(−4.58)
Age	0.051	0.262***	0.052	0.087
	(1.29)	(4.24)	(1.57)	(1.42)

变量	(1) TFP_LP	(2) TFP_OLS	(3) TFP_LP	(4) TFP_OLS
Pay	−0.020	−0.029	−0.015	−0.030
	(−0.96)	(−0.88)	(−0.80)	(−0.87)
ROA	1.432***	1.485***	1.443***	1.966***
	(8.72)	(5.56)	(9.73)	(7.11)
TQ	0.035***	0.027***	0.039***	0.037***
	(7.31)	(3.41)	(9.12)	(4.60)
Year	控制	控制	控制	控制
IND	控制	控制	控制	控制
截距项	2.768	6.211***	5.150***	9.322***
	(1.33)	(10.56)	(16.57)	(16.08)
N	6760	6760	6760	6760
F	149.565	112.156	225.199	81.063
R^2	0.478	0.372	0.485	0.253
Adj_R^2	0.606	0.536	0.601	0.408

注：括号内为 t 值，***、**、*分别表示在 1%、5%和 10%的统计水平上显著。

资料来源：笔者用 STATA15 回归后整理所得。

二、员工持股计划制度设计差异下劳动力
要素市场的调节效应

（一）劳动力要素市场对控制权与企业全要素生产率关系的调节效应

表 6-7 为员工持股计划控制权与企业全要素生产率的分组检验。其

中，前四列为基于工资议价能力高低进行分组的检验结果。由表6-7可
知，在工资议价能力较高的企业样本中，控制权变量 Ratio 与被解释变量
TFP_LP、TFP_OLS 的回归系数分别为 0.051、0.083，在 10% 水平显著为
正，而在议价能力较低的企业样本中，Ratio 与被解释变量的回归系数不显
著。表6-7中（5）列至（8）列为基于人力资本禀赋差异进行分组的检验结
果，可见在人力资本禀赋较高的样本中，变量 Ratio 与 TFP_LP、TFP_OLS 的
回归系数分别为 0.033、0.075，在 10% 和 5% 水平显著为正，而在人力资
本禀赋较低的样本中不显著。上述结果从员工持股计划控制权视角进一步
验证了本书对劳动力市场调节作用的猜想，表明外部劳动力市场的竞争关
系和内部劳动力市场人力资本禀赋正向调节员工持股计划控制权与企业全
要素生产率的关系。

表6-7　控制权与企业全要素生产率关系的分组检验

变量	高 WBP		低 WBP		高 Hum		低 Hum	
	（1）	（2）	（3）	（4）	（5）	（6）	（7）	（8）
	TFP_LP	TFP_OLS	TFP_LP	TFP_OLS	TFP_LP	TFP_OLS	TFP_LP	TFP_OLS
Ratio	0.051*	0.083*	-0.002	0.019	0.033*	0.075**	-0.009	0.011
	(1.89)	(1.77)	(-0.11)	(0.84)	(1.72)	(2.06)	(-0.72)	(0.54)
Size	-0.014	0.713***	0.619***	0.886***	0.009	1.004***	0.507***	0.709***
	(-0.08)	(7.63)	(19.87)	(17.50)	(0.10)	(12.44)	(14.65)	(10.96)
Lev	0.871***	2.009***	0.964***	1.845***	0.552***	1.612***	1.168***	2.076***
	(4.27)	(5.07)	(6.45)	(7.31)	(2.60)	(4.03)	(9.30)	(9.82)
CFO	-0.891	-2.377*	-0.421	-1.815***	-0.400	-2.428***	-0.211	-1.185**
	(-1.28)	(-1.80)	(-1.13)	(-3.05)	(-0.79)	(-2.82)	(-0.62)	(-2.13)
Bigshare	0.286	0.719	0.435***	0.710**	0.475**	0.842*	0.374***	0.810***
	(1.11)	(1.32)	(2.60)	(2.57)	(2.49)	(1.81)	(2.72)	(3.45)
SOE	0.502***	0.696***	0.066	0.039	0.172**	0.227	-0.047	-0.225*
	(3.37)	(2.63)	(1.07)	(0.37)	(2.19)	(1.61)	(-0.71)	(-1.94)
Age	-0.002	-0.145	0.012	-0.073	0.038	0.011	0.000	-0.096
	(-0.03)	(-1.00)	(0.28)	(-0.98)	(0.66)	(0.09)	(0.01)	(-1.41)

变量	高 WBP		低 WBP		高 Hum		低 Hum	
	(1)	(2)	(3)	(4)	(5)	(6)	(7)	(8)
	TFP_LP	TFP_OLS	TFP_LP	TFP_OLS	TFP_LP	TFP_OLS	TFP_LP	TFP_OLS
Pay	0.094	0.048	0.008	−0.057	0.014	−0.128	0.026	−0.044
	(1.45)	(0.38)	(0.20)	(−0.86)	(0.29)	(−1.15)	(0.79)	(−0.72)
ROA	2.753***	2.603	3.514***	3.884***	2.196***	2.117	3.749***	3.989***
	(3.41)	(1.39)	(5.66)	(4.08)	(2.59)	(1.38)	(8.09)	(5.15)
TQ	−0.017	−0.091	0.031*	0.013	0.034*	0.097**	−0.008	−0.052**
	(−0.70)	(−1.58)	(1.83)	(0.50)	(1.71)	(2.14)	(−0.56)	(−2.11)
Year	控制	控制	控制	控制	控制	控制	控制	控制
IND	控制	控制	控制	控制	控制	控制	控制	控制
截距项	12.536***	4.594**	0.818	1.648	11.888***	−2.162	3.577***	5.681***
	(3.99)	(2.32)	(1.26)	(1.57)	(6.87)	(−1.21)	(5.00)	(4.19)
N	249	249	913	913	302	302	860	860
R^2	0.722	0.564	0.741	0.692	0.837	0.759	0.626	0.557
Adj_R^2	0.708	0.548	0.738	0.678	0.834	0.751	0.617	0.531
Suest 检验	$Chi^2 = 3.34$ (P = 0.0677)				$Chi^2 = 4.93$ (P = 0.0265)			

注：括号内为 t 值，***、**、*分别表示在 1%、5% 和 10% 的统计水平上显著。

资料来源：笔者用 STATA15 回归后整理所得。

（二）劳动力要素市场对公平性与企业全要素生产率关系的调节效应

表 6-8 为员工持股计划公平性 People 与企业全要素生产率关系的分组检验结果。由表 6-8 可知，分组后 People 与 TFP 的回归关系主要呈正相关，在议价能力较高组和人力资本禀赋较高的样本分组中，People 的一次项回归系数显著为正，在实施员工持股计划过程中参与人数越多，对企业 TFP 的提升效果越好，而在议价能力较低、人力资本禀赋较低的样本中，

参与人数增多产生的效果不显著。表6-9为高管与普通员工认购差距DAP与企业全要素生产率关系的分组检验结果。在议价能力较高的分组中，DAP与企业全要素生产率的回归系数为正但不显著，而在议价能力较低的企业样本中，DAP与企业全要素生产率的回归系数为负，且在5%和10%水平显著，表明高管与普通员工认购差距越大，越可能导致企业全要素生产率折损的现象主要体现在议价能力较低的样本中。当员工工资议价能力较低时，员工缺乏离职跳槽的好机会，因此更愿意稳定在企业中，但是这种消极的稳定现象不利于员工充分发挥积极性，员工更可能表现出消极怠工的工作态度。当实施员工持股计划时，企业的激励对象越侧重管理层团队，越可能进一步激化员工与高管的矛盾，更不利于员工积极性的发挥，若企业能在激励制度设计中注重公平激励，缩小不同层级之间的认购差距，则有利于调动员工积极性，从而产生提高企业全要素生产率的效应。表6-9中（5）列至（8）列结果表明，DAP与TFP的负相关关系在人力资本禀赋较高的企业样本中更显著。由于高人力资本禀赋的员工在企业中发挥不容忽视的作用，特别是在对创新等影响企业核心竞争力的领域，激化此类员工与管理层的薪酬矛盾不利于企业核心竞争力的提升，员工持股计划是对传统股权激励的补充，在制度设计中更侧重非高管员工，有利于激发企业活力，激励普通员工充分发挥个人价值，进而提高企业全要素生产率。

表6-8 公平性与企业全要素生产率关系的分组检验（一）

变量	高 WBP		低 WBP		低 Hum		高 Hum	
	（1）	（2）	（3）	（4）	（5）	（6）	（7）	（8）
	TFP_LP	TFP_OLS	TFP_LP	TFP_OLS	TFP_LP	TFP_OLS	TFP_LP	TFP_OLS
People	0.578**	1.062**	0.081	0.157	−0.038	0.013	0.273*	0.499*
	(2.17)	(2.12)	(0.37)	(0.47)	(−0.11)	(0.02)	(1.73)	(1.65)
Size	−0.014	0.702***	0.615***	0.865***	0.004	0.968***	0.511***	0.592***
	(−0.08)	(7.74)	(20.33)	(17.05)	(0.05)	(12.31)	(14.89)	(8.00)

续表

变量	高 WBP		低 WBP		低 Hum		高 Hum	
	(1)	(2)	(3)	(4)	(5)	(6)	(7)	(8)
	TFP_LP	TFP_OLS	TFP_LP	TFP_OLS	TFP_LP	TFP_OLS	TFP_LP	TFP_OLS
Lev	0.943***	2.130***	0.989***	1.912***	0.588***	1.716***	1.175***	2.299***
	(4.73)	(5.46)	(6.57)	(7.45)	(2.83)	(4.22)	(9.29)	(9.52)
CFO	−0.907	−2.297*	−0.437	−1.951***	−0.543	−2.571***	−0.195	−1.696**
	(−1.34)	(−1.75)	(−1.17)	(−3.28)	(−1.08)	(−2.97)	(−0.59)	(−2.47)
Bigshare	0.321	0.770	0.396**	0.692**	0.488**	0.896**	0.357***	0.817***
	(1.24)	(1.41)	(2.42)	(2.50)	(2.51)	(1.98)	(2.64)	(3.06)
SOE	0.393***	0.507**	0.062	0.035	0.199**	0.283**	−0.063	−0.295**
	(2.74)	(2.01)	(1.01)	(0.33)	(2.45)	(2.07)	(−0.93)	(−2.28)
Age	0.013	−0.124	0.008	−0.067	0.037	0.023	−0.004	−0.128*
	(0.18)	(−0.87)	(0.19)	(−0.91)	(0.66)	(0.20)	(−0.10)	(−1.66)
Pay	0.064	−0.013	0.006	−0.059	0.015	−0.115	0.023	−0.088
	(1.01)	(−0.10)	(0.16)	(−0.90)	(0.32)	(−1.07)	(0.74)	(−1.34)
ROA	2.902***	2.587	3.616***	3.975***	2.365***	2.375	3.814***	4.834***
	(3.72)	(1.41)	(5.87)	(4.10)	(2.81)	(1.53)	(8.38)	(5.54)
TQ	−0.030	−0.107**	0.026	−0.008	0.028	0.080**	−0.011	−0.059**
	(−1.31)	(−2.00)	(1.61)	(−0.28)	(1.64)	(2.06)	(−0.79)	(−2.20)
Year	控制	控制	控制	控制	控制	控制	控制	控制
IND	控制	控制	控制	控制	控制	控制	控制	控制
截距项	12.763***	5.307***	0.937	2.178**	11.945***	−1.441	3.512***	9.028***
	(3.82)	(2.82)	(1.49)	(2.05)	(6.85)	(−0.83)	(4.97)	(5.75)
N	249	249	913	913	302	302	860	860
R^2	0.713	0.615	0.742	0.697	0.839	0.752	0.633	0.531
Adj_R^2	0.702	0.544	0.737	0.675	0.834	0.750	0.619	0.472
Suest 检验	Chi^2 = 13.32 (P = 0.0003)				Chi^2 = 4.83 (P = 0.0279)			

注:括号内为 t 值,***、**、*分别表示在 1%、5%和 10%的统计水平上显著。

资料来源:笔者用 STATA15 回归后整理所得。

表 6-9　公平性与企业全要素生产率关系的分组检验（二）

变量	高 WBP		低 WBP		高 Hum		低 Hum	
	（1）	（2）	（3）	（4）	（5）	（6）	（7）	（8）
	TFP_LP	TFP_OLS	TFP_LP	TFP_OLS	TFP_LP	TFP_OLS	TFP_LP	TFP_OLS
DAP	0.001	0.004	-0.002 **	-0.004 ***	-0.004 ***	-0.005 *	-0.001	-0.003
	(0.32)	(1.26)	(-2.57)	(-2.75)	(-3.17)	(-1.78)	(-0.60)	(-1.64)
Size	0.108	0.641 ***	0.580 ***	0.793 ***	-0.004	0.981 ***	0.501 ***	0.531 ***
	(0.43)	(4.25)	(13.25)	(10.96)	(-0.05)	(8.26)	(10.92)	(4.97)
Lev	1.169 ***	2.230 ***	1.370 ***	2.605 ***	1.075 ***	2.336 ***	1.326 ***	2.538 ***
	(4.73)	(4.53)	(8.01)	(9.24)	(3.38)	(3.68)	(8.33)	(8.24)
CFO	-0.701	-1.422	-0.163	-1.541 **	0.188	-1.655	-0.282	-2.314 ***
	(-0.72)	(-0.91)	(-0.39)	(-2.10)	(0.25)	(-1.21)	(-0.67)	(-2.86)
Bigshare	-0.027	0.009	0.158	0.396	0.196	0.345	0.164	0.595 *
	(-0.09)	(0.01)	(0.71)	(1.07)	(0.67)	(0.51)	(0.87)	(1.67)
SOE	1.513 ***	2.147 ***	0.070	0.113	0.200	0.436 *	-0.049	-0.231
	(3.35)	(3.38)	(0.85)	(0.85)	(1.52)	(1.89)	(-0.49)	(-1.28)
Age	-0.167 *	-0.258	-0.006	-0.098	0.093	0.075	-0.017	-0.152
	(-1.84)	(-1.49)	(-0.09)	(-0.95)	(0.98)	(0.39)	(-0.31)	(-1.39)
Pay	0.282 ***	0.207	0.030	0.001	-0.011	-0.247	0.050	-0.022
	(3.22)	(1.11)	(0.61)	(0.01)	(-0.15)	(-1.51)	(1.11)	(-0.21)
ROA	2.830 ***	2.513	3.247 ***	3.315 ***	2.410 **	0.307	3.734 ***	4.807 ***
	(2.92)	(1.05)	(4.14)	(2.63)	(2.18)	(0.12)	(5.47)	(3.54)
TQ	-0.012	-0.054	0.034 *	0.029	0.068 ***	0.195 ***	0.003	-0.023
	(-0.36)	(-0.70)	(1.85)	(0.98)	(2.76)	(3.49)	(0.16)	(-0.70)
Year	控制	控制	控制	控制	控制	控制	控制	控制
IND	控制	控制	控制	控制	控制	控制	控制	控制
截距项	10.147 **	5.330 *	1.324	2.712 *	11.417 ***	-1.909	3.274 ***	9.222 ***
	(2.21)	(1.90)	(1.48)	(1.87)	(5.78)	(-0.70)	(3.48)	(4.43)
N	249	249	913	913	302	302	860	860
R^2	0.728	0.536	0.766	0.714	0.844	0.767	0.653	0.519
Adj_R^2	0.722	0.528	0.764	0.706	0.852	0.762	0.645	0.505
Suest 检验	Chi^2=2.71（P=0.0996）				Chi^2=7.11（P=0.0076）			

注：括号内为 t 值，***、**、*分别表示在 1%、5% 和 10% 的统计水平上显著。

资料来源：笔者用 STATA15 回归后整理所得。

（三）劳动力要素市场对风险性与企业全要素生产率关系的调节效应

表 6-10、表 6-11 为员工持股计划风险性与企业全要素生产率的分组检验结果。由表 6-10 可知，当企业实施非杠杆式员工持股计划时，在员工议价能力较高的样本中，解释变量 ESOP 与被解释变量 TFP_LP、TFP_OLS 的回归系数均显著为正，而在议价能力较低的样本中，两者的回归系数不显著。当企业实施杠杆式员工持股计划时，解释变量与被解释变量的回归系数均不显著。上述结果表明，员工持股计划对企业全要素生产率的提升效应主要体现在议价能力较高的样本中。由表 6-11 可知，解释变量 ESOP 与 TFP 的回归系数在采用非杠杆员工持股计划且人力资本禀赋较高的样本中显著为正，且在 1% 水平上显著，而在其他样本中不显著，表明当企业人力资本禀赋较高时，采用非杠杆的低风险型员工持股计划对提高企业全要素生产率能产生积极效应。

表 6-10 风险性与企业全要素生产率关系的分组检验（外部劳动力要素市场）

变量	非杠杆				杠杆			
	低 WBP		高 WBP		低 WBP		高 WBP	
	（1）	（2）	（3）	（4）	（5）	（6）	（7）	（8）
	TFP_OLS	TFP_LP	TFP_OLS	TFP_LP	TFP_OLS	TFP_LP	TFP_OLS	TFP_LP
ESOP	0.039	0.040	0.162**	0.069*	−0.212	−0.080	0.073	0.163
	（0.43）	（0.71）	（2.03）	（1.65）	（−1.57）	（−0.97）	（1.03）	（1.20）
Size	0.902***	0.629***	0.693***	0.487***	0.851***	0.648***	0.694***	0.476***
	（13.88）	（15.72）	（11.12）	（15.49）	（8.17）	（10.38）	（8.97）	（10.10）
Lev	1.634***	0.931***	1.987***	1.127***	2.235***	1.260***	2.738***	1.517***
	（5.39）	（4.93）	（7.65）	（7.99）	（5.13）	（4.49）	（7.71）	（7.24）
CFO	−2.349***	−1.298**	−0.499	−0.048	1.018	1.510**	−2.937***	−1.873***
	（−2.80）	（−2.56）	（−0.66）	（−0.13）	（0.79）	（2.06）	（−3.06）	（−2.83）
Bigshare	−0.045	−0.122	0.947***	0.448***	1.266***	0.679**	0.577	0.471**
	（−0.13）	（−0.62）	（3.19）	（2.74）	（2.76）	（2.47）	（1.60）	（2.38）

续表

变量	非杠杆				杠杆			
	低 WBP		高 WBP		低 WBP		高 WBP	
	（1）	（2）	（3）	（4）	（5）	（6）	（7）	（8）
	TFP_OLS	TFP_LP	TFP_OLS	TFP_LP	TFP_OLS	TFP_LP	TFP_OLS	TFP_LP
SOE	−0.050	0.016	−0.030	0.080	0.150	0.161	0.096	0.083
	（−0.36）	（0.19）	（−0.23）	（1.13）	（0.55）	（1.27）	（0.45）	（0.65）
Age	−0.032	0.003	−0.005	0.043	−0.058	0.024	−0.156	−0.070
	（−0.38）	（0.06）	（−0.07）	（1.09）	（−0.30）	（0.20）	（−1.31）	（−1.03）
Pay	−0.154*	−0.090*	−0.044	0.061*	−0.044	−0.075	0.262***	0.195***
	（−1.84）	（−1.66）	（−0.59）	（1.65）	（−0.41）	（−1.12）	（3.06）	（3.45）
ROA	3.675***	3.852***	2.898***	3.740***	−0.064	2.011	5.001***	5.294***
	（2.74）	（5.45）	（3.08）	（7.36）	（−0.03）	（1.43）	（4.27）	（7.24）
TQ	0.007	0.031	−0.076***	−0.023*	0.031	0.072**	−0.016	−0.006
	（0.22）	（1.61）	（−3.09）	（−1.82）	（0.58）	（2.43）	（−0.52）	（−0.37）
Year	控制	控制	控制	控制	控制	控制	控制	控制
IND	控制	控制	控制	控制	控制	控制	控制	控制
截距项	1.815	1.338	5.522***	3.112***	0.736	−0.581	4.682***	3.343***
	（1.38）	（1.61）	（5.12）	（5.33）	（0.39）	（−0.50）	（2.81）	（3.47）
N	704	704	1300	1300	348	348	490	490
R^2	0.724	0.762	0.560	0.674	0.747	0.790	0.702	0.763
Adj_R^2	0.709	0.748	0.541	0.660	0.712	0.761	0.676	0.740
Suest 检验	$Chi^2 = 2.89$ （P = 0.0869）				$Chi^2 = 0.33$ （P = 0.5646）			

注：括号内为 t 值，***、**、*分别表示在 1%、5% 和 10% 的统计水平上显著。

资料来源：笔者用 STATA15 回归后整理所得。

表 6-11　风险性与企业全要素生产率关系的分组检验（内部劳动力要素市场）

变量	非杠杆				杠杆			
	低 Hum		高 Hum		低 Hum		高 Hum	
	（1）	（2）	（3）	（4）	（5）	（6）	（7）	（8）
	TFP_OLS	TFP_LP	TFP_OLS	TFP_LP	TFP_OLS	TFP_LP	TFP_OLS	TFP_LP
ESOP	0.079	0.047	0.567***	0.228***	0.019	−0.018	0.380	0.273
	（1.19）	（1.27）	（3.44）	（2.80）	（0.20）	（−0.33）	（1.51）	（1.63）

续表

变量	非杠杆				杠杆			
	低 Hum		高 Hum		低 Hum		高 Hum	
	（1）	（2）	（3）	（4）	（5）	（6）	（7）	（8）
	TFP_OLS	TFP_LP	TFP_OLS	TFP_LP	TFP_OLS	TFP_LP	TFP_OLS	TFP_LP
Size	0.720***	0.502***	0.802***	0.585***	0.699***	0.494***	0.880***	0.586***
	（11.86）	（16.31）	（6.97）	（8.55）	（7.48）	（9.42）	（7.06）	（7.25）
Lev	1.850***	1.130***	1.592***	0.403	2.732***	1.488***	1.787**	1.497***
	（8.53）	（8.93）	（2.99）	（1.39）	（8.98）	（7.88）	（2.29）	（3.05）
CFO	−0.939	−0.472	−2.394*	−0.447	−1.789**	−0.461	3.066*	1.159
	（−1.51）	（−1.46）	（−1.96）	（−0.66）	（−2.12）	（−0.81）	（1.83）	（1.15）
Bigshare	0.676***	0.195	0.648	0.549	0.694**	0.437**	2.528***	1.494***
	（2.94）	（1.46）	（0.97）	（1.34）	（2.25）	（2.49）	（3.20）	（2.79）
SOE	−0.173	−0.017	0.084	0.155	−0.279	−0.083	0.122	0.063
	（−1.58）	（−0.26）	（0.37）	（1.27）	（−1.53）	（−0.72）	（0.36）	（0.27）
Age	0.007	0.024	0.037	0.049	−0.168	−0.066	0.231	0.163
	（0.11）	（0.70）	（0.27）	（0.61）	（−1.37）	（−0.93）	（0.71）	（0.76）
Pay	−0.126*	−0.007	0.055	0.021	0.156**	0.098**	−0.118	−0.116
	（−1.91）	（−0.20）	（0.45）	（0.34）	（2.00）	（2.09）	（−0.89）	（−1.18）
ROA	3.379***	3.956***	2.492	2.619**	3.910***	4.381***	2.424	3.821**
	（3.99）	（8.60）	（1.10）	（2.07）	（3.37）	（6.14）	（1.00）	（2.29）
TQ	−0.079***	−0.019	0.098*	0.055**	−0.020	−0.004	0.040	0.045
	（−3.54）	（−1.58）	（1.86）	（2.12）	（−0.71）	（−0.28）	（0.48）	（1.18）
Year	控制	控制	控制	控制	控制	控制	控制	控制
IND	控制	控制	控制	控制	控制	控制	控制	控制
截距项	6.023***	3.646***	1.144	0.545	4.132**	2.594**	0.768	1.227
	（5.44）	（6.12）	（0.53）	（0.44）	（2.18）	（2.50）	（0.23）	（0.59）
N	1568	1568	436	436	692	692	146	146
R^2	0.542	0.629	0.821	0.857	0.632	0.693	0.890	0.871
Adj_R^2	0.527	0.617	0.794	0.834	0.607	0.672	0.833	0.804
Suest 检验	$Chi^2 = 8.60$（P = 0.0034）				$Chi^2 = 1.44$（P = 0.364）			

注：括号内为 t 值，***、**、*分别表示在1%、5%和10%的统计水平上显著。

资料来源：笔者用 STATA15 回归后整理所得。

三、本章小结

　　本章以 2010~2018 年中国沪深 A 股上市公司为研究样本，实证检验了企业内外部劳动力市场对员工持股计划与企业全要素生产率的调节效应。结果显示，一方面，企业外部劳动力竞争环境与员工议价能力有关，议价能力正向影响员工持股计划对企业全要素生产率的正向作用，员工议价能力越高，员工持股越可能提高企业员工的稳定性，为企业提供稳定的人力资本支持；另一方面，企业内部劳动力市场中，人力资本禀赋直接关系人力资本对企业的重要性，人力资本禀赋越高的企业，实施员工持股计划对企业全要素生产率的提升效果越好。基于制度设计差异的进一步检验结果表明，控制权与企业全要素生产率在议价能力较高、人力资本禀赋较高的样本中呈显著正相关关系；员工持股计划参与人数与企业全要素生产率的正相关关系也主要体现在议价能力较高、人力资本禀赋较高的样本企业中，而员工认购差距与企业全要素生产率的负相关关系在议价能力较低、人力资本禀赋较高的样本中更显著；非杠杆式员工持股计划对企业全要素生产率的提升效应主要体现在议价能力较高和人力资本禀赋较高的样本中，且当议价能力较高时，风险型员工持股对企业全要素生产率的提升也能产生一定的积极效应。本章结论对于进一步了解劳动力市场环境与企业员工持股计划的匹配关系、企业如何结合自身内外部劳动力要素环境合理设计员工持股计划具有一定的指导意义。

第七章

结论、建议与展望

一、研究工作及结论

（一）研究工作

本书以 2010~2018 年中国沪深 A 股非金融上市公司为研究样本，通过理论分析和实证检验探究员工持股计划实施与否，员工持股计划控制权、公平性和风险性与企业全要素生产率的关系，并进一步检验资本要素市场、劳动力要素市场环境对两者关系的调节效应。本书主要工作如下：

（1）本书对国内外员工持股计划实施的制度背景及相关理论进行梳理，分析我国 2014 年《关于上市公司实施员工持股计划试点的指导意见》以来的员工持股计划与国外员工持股计划、我国早期员工持股计划存在的本质差别，进而阐述新时代背景下员工持股计划实施的经济后果研究的必要性和特殊性，从而为本书后续的理论分析和实证检验提供必要的理论和制度背景支撑。

（2）本书基于员工持股计划能够构建利益共同体这一主要功能，对员工持股计划与企业全要素生产率的关系进行理论分析和实证检验，并对两者之间的影响路径进行剖析，为进一步研究员工持股计划制度设计、要素市场的调节效应奠定了理论基础。

（3）本书基于蛋糕分配理论，将员工持股计划制度关键条款划分为控制权、公平性、风险性，对控制权、公平性、风险性与企业全要素生产率的关系进行理论分析和实证检验，并依次检验其对各传导路径的不同影响趋势。

（4）通过对股价信息含量、融资环境的调节效应进行分析，明确了资本要素市场对员工持股计划与企业全要素生产率基础关系的作用，并进行了实证检验。进一步检验资本要素市场环境对员工持股计划控制权、公平性、风险性与企业发展质量的影响，从而深入探究资本要素市场与员工持股计划制度设计的匹配关系。

（5）通过对外部劳动力市场竞争影响下工资议价能力的差异、企业内部劳动力市场中的人力资本禀赋所产生的调节效应进行分析，明确劳动力要素市场对员工持股计划与企业全要素生产率基础关系的影响，并进行实证检验。进一步检验劳动力要素市场环境对员工持股计划控制权、公平性、风险性与企业发展质量的影响，从而深入分析在劳动力要素市场差异下，员工持股计划制度设计异质性所产生的效果差异。

（二）研究结论

本书通过对员工持股计划实施与否、制度设计与企业全要素生产率的关系进行理论分析和实证检验，探究其影响机理以及资本要素市场和劳动力要素市场在其中的调节效应，得出以下研究结论：

第一，国内外员工持股计划存在制度背景差异。首先，美国、西欧、日本员工持股计划有较悠久的实践历史，且在实施方式、实施动机、实施环境上与我国均存在较大差异，具体表现为：①制度背景，在美国等资本主义国家制度背景下，贫富差距拉大影响消费能力和经济持续增长，促进劳动分享利润的行为有利于维护社会稳定和经济发展，而资本市场为员工持股计划的实施提供了成熟的实践环境；②参与人数，西方资本主义国家的员工持股计划具有普惠性，以福利性目的为主；③税收支持，美国员工持股计划受到税收的大力支持。其次，我国在股份制改革早期和改革开放初期的员工持股计划实践与2014年《指导意见》以来的员工持股计划在实施动机、制度完善等方面存在较大差异：①新时代下我国股票市场有所改善，员工持股计划的实施环境持续优化；②改革开放初期，我国员工持股计划以筹资和股份制改革为主要目的，新时代员工持股计划的制度设计以优化公司治理结构和提高资源配置效率为主要目的，因此在很多要素和细节设计上都有所完善和变化。

第二，以利益绑定功能和共生治理理论为基础，发现员工持股计划的实施有利于提高企业与员工、管理层与普通员工之间的协同性，实现企业资本、劳动力的协调和优化配置，进而提高企业全要素生产率。其中，促进企业创新、促进实体经济发展是两者的主要传导路径。

第三，基于蛋糕分配理论，将员工持股计划制度设计划分为控制权、公平性和风险性后的检验结果表明，控制权与企业全要素生产率呈倒"U"形关系；员工之间的分配越公平，员工持股计划的实践效果越好；采用非杠杆模式开展的员工持股计划实践效果要优于杠杆式员工持股计划。基于路径效应的检验结果表明：①控制权与企业创新显著正相关，与金融资产配置呈"U"形关系，进而导致员工持股计划控制权对企业全要素生产率的影响呈先升后降的倒"U"形趋势，当持股比例在4%左右时，全要素生产率达到最优；②员工持股计划公平性越高，越可能促进企业创新，抑制企业金融化的不当资产配置行为；③员工持股计划对创新的促进作用和对金融化的抑制效果主要体现在非杠杆的低风险型员工持股计划中。

第四，对资本要素市场环境的调节效应检验结果表明：一方面，股价信息含量正向调节员工持股计划对企业全要素生产率的提升效应，股价信息含量越高，实施员工持股计划越可能提高全要素生产率；另一方面，债务融资市场正向调节两者关系，融资环境越好，越能为企业可持续发展提供必要的资金支持，从而在员工持股计划实施后，提升资本、劳动的匹配度，提高企业全要素生产率。

第五，对劳动力要素市场环境的调节效应检验结果表明，一方面，企业外部劳动力竞争环境与劳动力议价能力有关，且正向影响员工持股计划与企业全要素生产率的关系，劳动力议价能力越高，员工持股越可能提高企业员工的稳定性，为企业提供稳定的人力资本支持；另一方面，在企业内部劳动力要素市场中，人力资本禀赋直接关系人力资本对企业产出的潜在贡献水平，人力资本禀赋越高的企业，实施员工持股计划对企业全要素生产率的提升效果越好。

二、政策建议

党的十九大以来，我国在经济发展过程中更加注重效率提升、质量变革，提高全要素生产率这一话题受到政府和企业层面的高度重视，而员工持股计划作为改善公司治理结构、优化资源配置效率的重要手段，受到政府鼓励和企业追捧。本书综合各章节理论分析和实证研究的结论，从企业制度设计、市场环境改善、政策支持和投资者层面提出政策建议。

（一）企业应合理设计员工持股计划以提高全要素生产率

（1）企业应积极推进员工持股计划的实施。整体来看，员工持股计划的实施能有效提升企业整体活力，提高人力资本与物质资本的匹配度，提高企业全要素生产率。因此，员工持股计划可视为当前高质量发展背景下，提高公司治理水平和资源配置效率的有效手段，其中，制度设计差异是影响企业员工持股计划实施效果的核心因素，对员工持股计划控制权、参与权和风险收益权的不同分配直接影响参与对象的个人利益和积极性，企业应合理设计相应条款。具体而言，首先，员工持股计划的实施要以确保企业控制权和公司治理安全性为前提，既要保证 ESOP 的激励力度，又要预防员工持股过高导致的"搭便车"、资产流失、控制权转让等问题；其次，员工持股计划应从根本上区别于传统股权激励手段，在参与对象和认购权分配上坚持多劳多得、公平分配原则，同时更侧重向普通员工倾斜，弥补股权激励方式对少数管理层激励导致的执行层和决策层员工的薪酬矛盾问题，从而激发普通员工的公平性感知，提高成员协作和决策执行效率；最后，在员工持股计划的实施中应坚持"同股同权、同股同利"的原则，维护普通员工等弱势群体的利益，鼓励非杠杆方式的低风险员工持股计划方式。

（2）企业应积极应对资本要素市场的客观约束。一方面，企业应积极采取举措，提高股价波动与企业价值变化的一致性，降低市场宏观环境对企业股价的影响。为此，应通过聘请高质量外部审计机构、积极进行财务及非财务信息披露等手段降低股市投资者与企业之间的信息不对称性，引导股价向企业价值波动。另一方面，面对政策倾斜、金融机构偏好等客观环境导致的融资约束，企业应积极拓宽融资渠道，克服资金不足导致的企业发展瓶颈，从而为实现员工持股计划提高企业全要素生产率的实施效果提供必要的资金支持。

（3）企业应综合考虑自身所在行业、人力资本禀赋和人才竞争度等因素，相机决策是否开展员工持股计划，鼓励人才竞争度高、工资议价能力高和人力资本禀赋较高的企业通过员工持股计划达到留住人才、提高团队稳定性和提高人力资本价值、降低人力资本壁垒的目的。同时，在劳动力市场的高竞争性环境下，企业也应积极配合其他举措充分发挥人力资本价值：一方面，合理设计薪酬结构，补充或增加项目分红、团队绩效等工资形式，提高年金、社会保险等福利待遇，提高企业薪酬的市场竞争力，从而吸引人才流入；另一方面，积极开展或鼓励员工专业技能培训，提高人力资本专用性，特别是从团队视角，观察并发掘每位员工的特长和技能，搭建便于相互取长补短的新型稳定团队，并积极培养员工之间有序、高效的分工与合作，形成企业内部团队式专用性人力资本，提高企业核心竞争力，进而为员工持股计划的实践提供充分的人力资本支持。

（二）政府应完善相应政策，支持企业员工持股计划有效、有序实施

（1）政府相关部门应补充完善相关政策。我国政府虽然通过一系列政策文件明确了上市公司员工持股计划的合法地位，并鼓励企业积极尝试通过员工持股计划改善公司治理结构，提高资源优化配置，但尚缺乏税收优惠等方式引导员工持股计划的开展，导致现阶段的企业员工持股主要呈现出自发性和探索性，员工持股计划的锁定期通常设置为符合规定的较短期限。优惠、鼓励政策的不足影响企业实施的积极性，不利于达到员工持股计划"集体激励、长期激励"的目的。在我国员工持股计划持续推进和发展的过程中，可适当参考美国的税收优惠和支持政策，对于企业为员工持股计划提供借款支持导致的利息支出提供一定的税收优惠，对于股票捐赠、股票受让、员工持股计划认购方获得股票收益时的个人所得税缴纳提供一定的税收优惠，从而形成系统、健全的鼓励政策，提高企业实施及员工参与员工持股计划的积极性。

（2）适度简化员工持股计划审核流程。2014年《指导意见》颁布以来，虽然总体上鼓励将员工持股计划作为国有企业混合所有制改革的重要手段，但对国企实施方案设置了较多限制条件。相关规定导致国有企业员工持股计划从方案制定到完成实施须经历较长的审核流程。因此，建议适度简化员工持股计划审核流程，减少一些约束条件，从而提高企业特别是混改企业员工持股计划的实施效率。

（3）加强对高风险员工持股计划的监管。部分企业在员工持股计划实施过程中存在较大风险，特别是当以金融机构借款作为员工持股计划的资金来源时，企业将相应股份分为优先级和劣后级，导致持股员工须承担较高的市场波动风险，当企业股价向下波动时，员工可能面临较高的损失，甚至出现爆仓的风险。针对这一风险，证监会于2016年7月出台《证券期货经营机构私募资产管理业务运作管理暂行规定》，规定股票类资产管理计划的杠杆

倍数不得超过1倍。此后，企业员工持股计划杠杆率得到初步控制。在未来的实践过程中，证监会应持续加强对员工持股计划特别是风险型（杠杆式）员工持股的关注和管控。

（三）改善资源配置扭曲问题，构建良性市场环境

（1）进一步完善和优化股票市场水平。资本市场开放作为我国对外开放基本国策的重要内容，对推动金融体制深化改革、实现经济高质量发展具有重要意义。党的十八大以来，习近平总书记做出全面深化改革的战略部署，提出进一步加深我国对外开放程度，2015年更提出"创新、协调、绿色、开放、共享"的发展理念，鼓励发展更高层次的开放型经济。其中，2014年11月和2016年12月沪港、深港股票市场交易互联互通机制的相继开通，是我国资本市场迈向双向开放的重要里程碑，有利于为我国股票市场引进相对成熟的投资者，优化投资者结构，发挥成熟投资者在信息获取、解读方面的优势，进而引导股票价格向企业长期价值逼近，提高股价与实业的关联性。因此，应鼓励资本市场的进一步开放，提高资本市场发展水平和反哺实体经济的有效性，从而为员工持股计划的有效实施提供良性股票市场环境。

（2）进一步改善企业融资环境。应充分发挥市场对资源配置的决定性作用，减少政府干预导致的市场资金扭曲现象，引导资金流向真正有发展潜力的企业，缓解此类企业融资约束，降低融资成本，同时，减少发展能力不足的企业对资金的滥用现象，从而提高资金的整体利用效率，为真正有潜力的企业在实施员工持股计划后形成高效发展提供充分的融资环境支持。

（3）建立市场化的劳动力竞争环境。应进一步推进劳动力市场供求信息公开化，提高员工议价能力，特别是对于国有企业，从劳动力薪酬、编制等层面推进国有企业市场化改革，减少因员工"铁饭碗"心理导致的劳动力流动性低下和积极性不高等问题。此外，市场应为劳动力提供更多职业技能培训的机会，从而提高人力资本价值和议价能力，为企业员工持股计划的长期、有效实施提供稳定的人力资本支持。

（四）投资者应研判员工持股计划信息含量，理性开展投资活动

投资者应根据企业员工持股计划的制度设计、客观环境等综合判断上市公司发展前景，理性开展投资活动。首先，员工持股计划的制度设计差异体现企业的实施目的和对人力资本的差异态度，进而影响其实践效果。因此，股票市场投资者也应充分根据员工持股计划具体制度设计，综合判断员工持股计划的合理性及价值，进而进行理性、科学决策，防止盲目投资。其中，控制权、公平性和风险性是影响员工持股计划实践效果的关键性条款，对于认购份额不足、分配不公和风险性较高的员工持股计划，投资者应保持较高的谨慎性。其次，员工持股计划的实施效果会受产权性质、社会信任环境及各类要素市场环境差异的影响。投资者可以根据企业股价表现、融资环境和人力资本禀赋等多重环境因素，合理判断企业员工持股计划是否能产生改善企业发展质量的效果，以及其有效性程度，从而谨慎开展相应股票投资决策。

三、研究局限及展望

本书对员工持股计划是否实施、制度设计与企业全要素生产率的关系进行理论分析和实证检验，并进一步验证资本要素市场、劳动力要素市场环境对两者关系的调节效应。总的来说，本书对员工持股计划与企业全要素生产率的关系进行了较为系统、深入的研究，但在研究技术、研究数据、研究内容等方面仍存在一些不足。

首先，在分析影响机理时，本书基于员工持股计划对群体成员的利益绑定产生集体激励和共生治理效应展开分析，提出员工持股计划实施能促

成各层级员工之间相互协作、相互依赖，并提高员工对管理层的监督效率，进而提高全要素生产率。考虑到创新是企业成员共同努力、协同合作的关键性成果，高管金融资产配置决策离不开有效的监督治理环境，本书基于企业创新、金融资产配置视角间接验证了上述推理。然而，员工持股计划所产生的效果主要源于持股员工的心理状态变化，由于心理状态较难度量，本书未获取更直观的证据来验证上述猜想。因此，未来可通过问卷调查、自然实验、扎根的案例研究等方法深入探究员工持股计划产生的心理状态变化，进一步检验上述猜想。

其次，企业员工持股计划的条款涉及的领域较多，如股票来源、锁定期、解锁方式、有无业绩考核等，本书在研究过程中仅从分配视角选取了其中的关键条款，并未穷尽指标。同时，员工持股计划的认购参与人员中各部门员工认购规模、参与者的具体职位等差异可能影响实践效果，由于相关数据收集存在难度，没有从这一视角深入展开，仅从参与人员是否为管理层这一视角进行了区分，导致本书在研究数据上存在一定的局限性。未来我们考虑采用案例研究的方法，深入了解个别企业的具体实施细节，对相关问题进行深入回答。

最后，在验证员工持股计划实践效果的实证检验中，考虑到样本期间的对称性，选取2010~2018年的倾向得分匹配样本参与回归，样本期相对较短，特别是对于早期和当前的员工持股计划，我们没有检验并对比这两个阶段的实践效果差异，从而无法回答当前员工持股计划是否有效克服了早期员工持股计划的弊端等问题，导致本书在研究数据和研究内容上存在一定的局限性。因此，在未来条件允许的情况下，可以进一步收集整理早期职工持股的相关数据，将两个阶段样本进行对比，从而增强本书研究结论的深度和稳健性。

此外，我国仍属于发展中国家，通过提高员工积极性改善微观经济发展质量，从而克服中等收入陷阱、提高宏观经济发展水平是我国要长期关注的问题。今后在相关领域的研究中，仍存在很多问题值得探讨：政府应如何制定税收优惠政策以支持员工持股计划的实施？企业员工持股计划解锁出售的后续问题如何解决，解锁出售后其对员工积极性的提升能否持续？如何实现员工持股计划的长期性？除资本要素、劳动力要素市场环境外，营商环境、政府干预等其他外部因素和企业薪酬结构、员工个人背景、公司治理结构、企业家精神等其他内部因素是否影响员工持股计划的实践效果？这些问题都值得展开进一步研究，本书研究仅起到抛砖引玉的作用，关于员工持股计划与企业发展质量主体的研究仍任重道远。

参考文献

［1］ Acs Z. J. , Bardasi E. , Estrin S. , et al. Introduction to Special Issue of Small Business Economics on Female Entrepreneurship in Developed and Developing Economies ［J］. Small Business Economics, 2011, 37 （4）: 393-396.

［2］ Aghion P. , Bolton P. Distribution and Growth in Models of Imperfect Capital Markets ［J］. European Economic Review, 1992, 36 （2-3）: 603-611.

［3］ Aigner D. J. , Chu S. F. On Estimating the Industry Production Function ［J］. American Economic Review, 1968 （58）: 826-839.

［4］ Aivazian V. A. , Ge Y. , Qiu J. , Kim Y. C. The Impact of Leverage on Firm Investment: Canadian Evidence ［J］. Journal of Corporate Finance, 2005, 11 （1）: 277-291.

［5］ Almond D. , Li H. , Zhang S. Land Reform and Sex Selection in China ［J］. Journal of Political Economy, 2019, 127 （2）: 560-585.

［6］ Atje R. , Jovanovic B. Stock Markets and Development ［J］. European Economic Review, 1993 （4）: 632-640.

［7］ Aw B. Y. , Roberts M. J. , Xu D. R&D Investment, Exporting and Productivity Dynamics ［J］. The American Economic Review, 2011, 101 （4）: 1312-1344.

［8］ Bardakas I. , Bournakis I. , Kaplanoglou G. Total Factor Productivity

(TFP) and Fiscal Consolidation: How Harmful is Austerity? [J]. Economic Modelling, 2021 (94): 908-922.

[9] Barroso C., Villegas M., Peroz-Calero L. Board Influence on a Firm's Internationalization [J]. Corporate Governance an International Review, 2011, 19 (4): 351-367.

[10] Baumol W. J. Macroeconomics of Unbalanced Growth: The Anatomy of Urban Crisis [J]. The American Economic Review, 1967, 57 (3): 415-426.

[11] Beatty A. The Cash Flow and Informational Effects of Employee Stock Ownership Plans [J]. Journal of Financial Economics, 1995, 38 (2): 211-240.

[12] Bekaert G., Harvey C. R., Lundblad C. Financial Openness and Productivity [J]. World Development, 2010, 39 (1): 1-19.

[13] Bloom N., Reenen J. V. Human Resource Management and Productivity [J]. Handbook of Labor Economics, 2010, 4 (4): 1697-1767.

[14] Bobba M., Flabbi L., Levy S., et al. Labor Market Search, Informality, and On-The-Job Human Capital Accumulation [J]. Journal of Econometrics, 2020 (10): 351-377.

[15] Bova F., Dou Y., Hope O. Employee Ownership and Firm Disclosure [J]. Contemporary Accounting Research, 2015, 32 (2): 639-673.

[16] Bradley D., Kim I., Tian X. Do Unions Affect Innovation? [J]. Management Science, 2016, 63 (7): 2251-2271.

[17] Brandt L., Biesebroeck J. V., Zhang Y. Creative Accounting or Creative Destruction? Firm-Level Productivity Growth in Chinese Manufacturing [J]. Journal of Development Economics, 2012, 97 (2): 339-351.

[18] Castanias R. P., Helfat C. E. The Managerial Rents Model: Theory and Empirical Analysis [J]. Journal of Management, 2001, 27 (6): 661-678.

［19］ Chang S. Employee Stock Ownership Plans and Shareholder Wealth: An Empirical Investigation ［J］. Financial Management, 1990, 19 (1): 48-58.

［20］ Chang S. , Mayers D. Managerial Vote Ownership and Shareholder Wealth: Evidence from Employee Stock Ownership Plans ［J］. Jonrnal of Financial Economics, 1992, 32 (1): 103-131.

［21］ Chang X. , Fu K. , Low A. , et al. Non-Executive Employee Stock Options and Corporate Innovation ［J］. Journal of Financial Economics, 2015, 115 (1): 168-188.

［22］ Chaplinsky S. , Niehaus G. Do Inside Ownership and Leverage Share Common Determinants? ［J］. Quarterly Journal of Business and Economics, 1993, 32 (4): 51-65.

［23］ Chen H. , Huang Y. Employee Stock Ownership and Corporate R&D Expenditures: Evidence from Taiwan's Information-Technology Industry ［J］. Asia Pacific Journal of Management, 2006, 23 (3): 369-384.

［24］ Che Y. , Zhang L. Human Capital, Technology Adoption and Firm Performance: Impacts of China's Higher Education Expansion in the Late 1990s ［J］. The Economic Journal, 2018, 128 (614): 2282-2320.

［25］ Coe D. T. , Helpman E. International R&D Spillovers ［J］. European Economic Review, 1995, 39 (5): 859-887.

［26］ Core J. E. , Guay W. R. Stock Option Plans for Non-Executive Employees ［J］. Journal of Financial Economics, 2001, 61 (2): 253-287.

［27］ Dallery T. Post-Keynesian Theories of the Firm under Financialization ［J］. Review of Radical Political Economics, 2009, 41 (4): 492-515.

［28］ Davis H. Productivity Accounting ［M］. Philadelphia: University of Pennsylvania Press, 1955.

［29］ Ducassy I. , Guyot A. Complex Ownership Structures, Corporate Governance and Firm Performance: The French Context ［J］. Research in International Business and Finance, 2017（39）：291-306.

［30］ Edmans A. Blockholders and Corporate Governance ［J］. Annual Review of Financial Economics, 2014（6）：23-50.

［31］ Fang H. , Nofsinger J. R. , Quan J. The Effects of Employee Stock Option Plans on Operating Performance in Chinese Firms ［J］. Journal of Banking and Finance, 2015（54）：141-159.

［32］ Galasso A. , Simcoe T. S. CEO Overconfidence and Innovation ［J］. Management Science, 2011, 57（8）：1469-1484.

［33］ Gordon L. A. , Pound J. ESOPs and Corporate Control ［J］. Journal of Financial Economics, 1990, 27（2）：525-555.

［34］ Harrod R. F. , Denison E. F. Why Growth Rates Differ：Postwar Experience in Nine Western Countries ［J］. Economica, 1969, 36（143）:323.

［35］ He J. J. , Tian X. Finance and Corporate Innovation：A Survey ［J］. AsiaPacific Journal of Financial Studies, 2018, 47（2）：165-212.

［36］ Hochberg Y. V. , Lindsey L. Incentives, Targeting and Firm Performance：An Analysis of Non-Executive Stock Options ［J］. The Review of Financial Studies, 2010, 23（11）：4148-4186.

［37］ Hsieh C. , Klenow P. J. Misallocation and Manufacturing TFP in China and India ［J］. The Quarterly Journal of Economics, 2009, 124（4）：1403-1448.

［38］ Ittner C. D. , Lambert R. A. , Larcker D. F. The Structure and Performance Consequences of Equity Grants to Employees of New Economy Firms ［J］. Journal of Accounting and Economics, 2003, 34（1）：89-127.

［39］ Jensen M. C. , Mcckling W. H. Theory of the Firm：Managerial Behavior, Agency Costs and Ownership Structure ［J］. Journal of Financial Economics, 1976, 3（4）：305-360.

［40］ Johnson R. W. The Impact of Human Capital Investments On Pension Benefits ［J］. Jonrnal of Labor Economics, 1996, 14（3）：520-554.

［41］Jones D. C. , Kato T. The Productivity Effects of Employee Stock – Ownership Plans and Bonuses: Evidence from Japanese Panel Data ［J］. The American Economic Review, 1995, 85 (3): 391–414.

［42］Jorgenson D. , Griliches Z. The Explanation of Productivity Change ［J］. Review of Economic Studies, 1967, 34 (3): 249–283.

［43］Kedia S. , Rajgopal S. Neighborhood Matters: The Impact of Location On Broad Based Stock Option Plans ［J］. Journal of Financial Economics, 2008, 92 (1): 109–127.

［44］Kelso Louiso O. , Adler M. J. The Capitalist Manifesto ［M］. New York: Random House, 1958.

［45］Kim E. H. , Ouimet P. Broad – Based Employee Stock Ownership: Motives and Outcomes ［J］. The Journal of Finance, 2014, 69 (3): 1273–1319.

［46］Kim K. Y. , Patel P. C. Employee Ownership and Firm Performance: A Variance Decomposition Analysis of European Firms ［J］. Journal of Business Research, 2017 (70): 248–254.

［47］Kinuthia B. K. Technology Spillovers: Kenya and Malaysia Compared ［J］. The Journal of International Trade and Economic Development, 2016, 25 (4): 536–569.

［48］Kruse D. L. , Blasi J. , Park R. Shared Capitalism in the U. S. Economy: Prevalence, Characteristics and Employee Views of Financial Participation in Enterprises ［R］. NBER Working Paper, 2008.

［49］Kumbhakar S. C. , Dunbar A. E. The Elusive ESOP—productivity Link: Evidence from U. S. Firm–level Data ［J］. Journal of Public Economics, 1993, 52 (2): 273–283.

［50］Lee J. Service Innovation and Smart Analytics for Industry 4. 0 and Big Data Environment ［J］. Procedia CIRP, 2014, 16: 3–8.

［51］Levine R. Financial Development and Economic Growth: Views and

Agenda [J] . Journal of Economic Literature, 1997, 35 (2): 688-726.

[52] Li Y. , Sun B. , Yu S. Employee Stock Ownership Plan and Stock Price Crash Risk [J] . Frontiers of Business Research in China, 2019, 13 (1): 1-33.

[53] Lucas R. E. On the Mechanics of Economic Development [J]. Journal of Monetary Economics, 1989, 22 (1): 3-42.

[54] Manuelli R. E. , Seshadri A. Human Capital and the Wealth of Nations [J] . The American Economic Review, 2014, 104 (9): 2736-2762.

[55] Midrigan V. , Xu D. Y. Finance and Misallocation: Evidence from Plant - Level Data [J] . American Economic Review, 2014, 104 (2): 422-458.

[56] Miller S. M. , Upadhyay M. P. The Effects of Openness, Trade Orientation and Human Capital On Total Factor Productivity [J] . Journal of Development Economics, 2000, 63 (2): 399-423.

[57] Mirrlees J. A. An Exploration in the Theory of Optimum Income Taxation [J] . The Review of Economic Studies, 1971, 38 (2): 175-208.

[58] Morris S. S. , Alvarez S. A. , Barney J. B. , et al. Firm-specific Human Capital Investments as a Signal of General Value: Revisiting Assumptions about Human Capital and How It is Managed [J] . Strategic Management Journal, 2017, 38 (4): 912-919.

[59] Nancy K. ESOP Plus Benefit Corporation: Ownership Culture with Benefit Accountability [J] . California Management Review, 2018, 60 (4): 51-73.

[60] Njoya W. Employee Ownership in the European Company: Reflexive Law, Reincorporation and Escaping Co-Determination [J] . Journal of Corporate Law Studies, 2011, 11 (2): 267-298.

[61] Noe T. H. Investor Activism and Financial Market Structure [J]. The Review of Financial Studies, 2002, 15 (1): 289-318.

［62］ O'Boyle E. , Patel P. C. , Gonzalez-Mule E. Employee Ownership and Firm Performance: A Meta-analysis ［J］. Human Resource Management Journal, 2016, 26（4）: 425-448.

［63］ Olley G. S. , Pakes A. The Dynamics of Productivity in the Telecommunications Equipment Inustry ［J］. Econometrica, 1996, 64（6）: 1263-1297.

［64］ Orhangazi O. Financialisation and Capital Accumulation in the Non-Financial Corporate Sector: A Theoretical and Empirical Investigation on the US Economy: 1973—2003 ［J］. Cambridge Journal of Economics, 2008, 32（6）: 863-886.

［65］ Oulton N. Must the Growth Rate Decline? Baumol's Unbalanced Growth Revisited ［J］. Oxford Economic Papers, 2001, 53（4）: 605-627.

［66］ Oyer P. , Schaefer S. Why Do Some Firms Give Stock Options to All Employees?: An Empirical Examination of Alternative Theories ［J］. Journal of Financial Economics, 2004, 76（1）: 99-133.

［67］ Park S. , Song M. H. Employee Stock Ownership Plans, Firm Performance and Monitoring by outside Blockholders ［J］. Financial Management, 1995, 24（4）: 52-65.

［68］ Pendleton A. Employee Participation in Employee Share Ownership: An Evaluation of Factors Associated with Partici-pation and Contributions in Save as You Earn Plans ［J］. British Journal of Management, 2010, 21（2）: 555-570.

［69］ Peneder M. Industrial Structure and Aggregate Growth ［J］. Structural Change and Economic Dynamics, 2003, 14（4）: 427-448.

［70］ Peng Y. , Chen Z. , Xu J. , et al. Analysis of Green Total Factor Productivity Trend and its Determinants for the Countries Along Silk Roads ［J］. Growth and Change, 2020, 51（4）: 1711-1726.

［71］ Petrin A. , Poi B. P. , Levinsohn J. Production Function Estimation in Stata Using Inputs to Control for Unobservables [J]. Stata Journal, 2004, 4 (2): 113-123.

[72] Pierce J. L., Kostova T., Dirks K. T. Toward a Theory of Psychological Ownership in Organizations [J]. The Academy of Management Review, 2001, 26 (2): 298-310.

[73] Pietrzak M., Balcerzak A. Quality of Human Capital and Total Factor Productivity in New EU Member States [C] //The 10th International Days of Statistics and Economics, September 8-10, 2016: 1492-1501.

[74] Quinn P. J. Shifting Corporate Culture: Executive Stock Ownership Plan Adoptions and Incentives to Meet or Just Beat Analysts' Expectations [J]. Review of Accounting Studies, 2018, 23 (2): 654-685.

[75] Ren T., Xiao Y., Liu S. Employee Ownership Heterogeneity and Firm Performance in China [J]. Human Resource Management, 2019, 58 (6): 621-639.

[76] Rolf F., Grasskopf S., Norris M., et al. Productivity Growth, Technical Progress and Efficiency Change in Industrialized Countries [J]. The American Economic Review, 1994, 84 (1): 66-83.

[77] Schultz T. W. Investment in Human Capital: Reply [J]. The American Economic Review, 1961, 51 (5): 1-17.

[78] Schumpeter J. A. Imperfect Competition [J]. The American Economic Review, 1934, 24 (1): 21-32.

[79] Seo H. J., Kim H. S. Financialization and the Slowdown in Korean Firms' R&D Investment [J]. Asian Economic Papers, 2012, 11 (3): 35-49.

[80] Solow R. M. Technical Change and the Aggregate Production Function [J]. Review of Economics, 1957, 39 (3): 554-562.

[81] Spratt J. S. The Relation of "Human Capital" Preservation to Health Costs [J]. American Journal of Economics and Sociology, 1975, 34 (3):

295-307.

[82] Stulz N. , Christoph P. C. Distinguishing Anxiety and Depression in Self-Report: Purification of the Beck Anxiety Inventory and Beck Depression Inventory-Ⅱ [J]. Journal of Clinical Psychology, 2010, 66 (9): 927-940.

[83] Torp S. , Nielsen B. B. Psychological Ownership and Financial Firm Performance: The Interplay of Employee Stock Ownership and Participative Leadership [J]. Australian Journal of Management, 2018, 43 (3): 476-492.

[84] Tuggle C. , Schnatterly K. , Johnson R. A. Attention Patterns in the Boardroom: How Board Composition and Processes Affect Discussion of Entrepreneurial Issues [J]. The Academy of Management Journal, 2010, 53 (3): 550-571.

[85] Turner C. , Tamura R. , Mulholland S. E. How Important are Human Capital, Physical Capital and Total Factor Productivity for Determining State Economic Growth in the United States, 1840-2000? [J]. Journal of Economic Growth, 2013, 18 (4): 319-371.

[86] Van Bavel B. , Van Zanden J. V. , De Moor T. Introduction: Factor Markets in Global Economic History [J]. Continuity and Change, 2009, 24 (1): 9-21.

[87] Wang Y. , Yu L. State-Owned Bank Loan and Stock Price Synchronicity [J]. China Journal of Accounting Studies, 2013, 1 (2): 91-113.

[88] Winther G. Participatory Democracy May Go a Long Way: Comparative Growth Performance of Employee Ownership Firms in New York and Washington States [J]. Economic and Industrial Democracy, 1997, 18 (3): 393-422.

[89] Xiao H. , Shi Y. , Varma A. The Effects of Employee Stock Ownership Plans on Career Development in a New Era: Evidence from China's Manufacturing Transformation [J]. Career Development International, 2019, 24 (5): 453-474.

［90］Young A. Gold Into Base Metals：Productivity Growth in the People's Republic of China during the Reformperiod［J］. Journal of Political Economy，2003，111（6）：1120-1161.

［91］Young A. The Razor's Edge Distortions and Incremental Reform in the People's Republic of China［J］. Quarterly Journal of Economics，2000，115（4）：641-680.

［92］Young A. The Tyranny of Numbers Confronting the Statistical Realities of the East Asian Growth Experience［J］. Quarterly Journal of Economics，1995，110（3）：641-680.

［93］Zachariadis M. R&D Induced Growth in the OECD?［J］. Review of Development Economics，2004，8（3）：423-439.

［94］安磊，沈悦，余若涵. 高管激励与企业金融资产配置关系——基于薪酬激励和股权激励对比视角［J］. 山西财经大学学报，2018，40（12）：30-44.

［95］薄文广，周燕愉，陆定坤. 企业家才能、营商环境与企业全要素生产率——基于我国上市公司微观数据的分析［J］. 商业经济与管理，2019（8）：85-97.

［96］蔡昉，林毅夫，张晓山，等. 改革开放 40 年与中国经济发展［J］. 经济学动态，2018（8）：4-17.

［97］曹玉珊，魏露露. 员工持股、员工离职率与企业创新［J］. 财务研究，2019（3）：64-74.

［98］陈大鹏，施新政，陆瑶，等. 员工持股计划与财务信息质量［J］. 南开管理评论，2019，22（1）：166-180.

［99］陈冬华，范从来，沈永建. 高管与员工：激励有效性之比较与互动［J］. 管理世界，2015（5）：160-171.

［100］陈淮. "职工持股"能走多远?［J］. 经济管理，2000（4）：26-27.

［101］陈乾，史燕平，黄鑫. CEO 的金融背景会提高企业全要素生产率

吗？[J]．技术经济，2020，39（11）：127-135.

[102] 陈效东．谁才是企业创新的真正主体：高管人员还是核心员工[J]．财贸经济，2017，38（12）：127-144.

[103] 陈运佳，吕长江，黄海杰，等．上市公司为什么选择员工持股计划？——基于市值管理的证据[J]．会计研究，2020（5）：91-103.

[104] 程惠芳，陆嘉俊．知识资本对工业企业全要素生产率影响的实证分析[J]．经济研究，2014，49（5）：174-187.

[105] 程名望，盖庆恩，Jin Yanhong，史清华．人力资本积累与农户收入增长[J]．经济研究，2016，51（1）：168-181.

[106] 崔敏，赵增耀．服务业内部结构异质性与高质量发展路径——基于全要素生产率视角[J]．山西财经大学学报，2020，42（6）：73-86.

[107] 戴璐，林黛西．员工持股计划中的高管认购行为、业绩操纵与审计监督[J]．审计研究，2018（6）：90-96.

[108] 杜伟，杨志江，夏国平．人力资本推动经济增长的作用机制研究[J]．中国软科学，2014（8）：173-183.

[109] 杜勇，张欢，陈建英．金融化对实体企业未来主业发展的影响：促进还是抑制[J]．中国工业经济，2017（12）：113-131.

[110] 盖庆恩，朱喜，程名望等．要素市场扭曲、垄断势力与全要素生产率[J]．经济研究，2015，50（5）：61-75.

[111] 高娟．绩效激励对企业全要素生产率的影响效应——基于"中国企业—劳动力匹配调查"数据的实证研究[J]．中国软科学，2018（10）：175-183.

[112] 巩娜．地方国有企业混合所有制改革模式、路径及政策建议[J]．经济体制改革，2018（5）：101-105.

[113] 郭峰，熊瑞祥．地方金融机构与地区经济增长——来自城商行设立的准自然实验[J]．经济学（季刊），2018，17（1）：221-246.

[114] 郭金花，郭淑芬．创新人才集聚、空间外溢效应与全要素生产率增长——兼论有效市场与有为政府的门槛效应[J]．软科学，2020，34

（9）：43-49.

[115] 韩光强，许媛，史东梁．员工持股计划对企业绩效的影响——基于创业板上市公司 [J]．商业经济研究，2019（12）：168-170.

[116] 韩亮亮，李凯，宋力．高管持股与企业价值——基于利益趋同效应与壕沟防守效应的经验研究 [J]．南开管理评论，2006（4）：35-41.

[117] 郝永亮，金昕，张永冀．"减持迷雾"下的员工持股计划——基于股权激励的对比分析 [J]．管理评论，2019，31（10）：164-177.

[118] 胡国强，盖地．高管股权激励与银行信贷决策——基于我国民营上市公司的经验证据 [J]．会计研究，2014（4）：58-65.

[119] 胡浩志．内部劳动力市场对企业专用性人力资本投资的作用机理及理论分析 [J]．内蒙古社会科学（汉文版），2015，36（3）：84-88.

[120] 胡茂，张衔．企业共同治理的效率之争及启示 [J]．财经科学，2014（2）：79-87.

[121] 黄荷暑，江鲍昌．"羊毛出在羊身上"？员工持股计划会提高全要素生产率吗？[J]．北京化工大学学报（社会科学版），2020，4（113）：16-25.

[122] 黄萍萍，焦跃华．员工持股、信息透明度与企业创新——基于员工持股计划的准自然实验 [J]．科技进步与对策，2019，36（22）：102-111.

[123] 黄群慧，李晓华．中国工业发展"十二五"评估及"十三五"战略 [J]．中国工业经济，2015（9）：5-20.

[124] 黄群慧，余菁，王欣，等．新时期中国员工持股制度研究 [J]．中国工业经济，2014（7）：5-16.

[125] 黄杉，宋玉臣，李连伟．股权激励的盈余管理效应及对公司绩效的影响 [J]．数量经济研究，2017，8（2）：77-99.

[126] 黄速建，肖红军，王欣．论国有企业高质量发展 [J]．中国工业经济，2018（10）：19-41.

[127] 黄贤环，王瑶．实体企业资金"脱实向虚"与全要素生产率提

升："抑制"还是"促进"［J］．山西财经大学学报，2019，41（10）：55-69.

［128］黄运旭．员工持股计划对公司绩效的影响研究［J］．财会通讯，2018（20）：32-35.

［129］纪雯雯，赖德胜．工会能够维护流动人口劳动权益吗？［J］．管理世界，2019，35（2）：88-101.

［130］蒋冠宏，曾靓．融资约束与中国企业对外直接投资模式：跨国并购还是绿地投资［J］．财贸经济，2020，41（2）：132-145.

［131］蒋运冰，苏亮瑜．员工持股计划的股东财富效应研究——基于我国上市公司员工持股计划的合约要素视角［J］．证券市场导报，2016（11）：13-22.

［132］解维敏，方红星．金融发展、融资约束与企业研发投入［J］．金融研究，2011（5）：171-183.

［133］凯尔索，阿德勒．资本家宣言［M］．纪明，徐宗士译．上海：上海人民出版社，1961.

［134］孔东民，徐茗丽，孔高文．企业内部薪酬差距与创新［J］．经济研究，2017，52（10）：144-157.

［135］孔锦，徐永翅．员工持股计划激励作用的实证研究——基于陕西省非上市中小企业的历史数据［J］．广西大学学报（哲学社会科学版），2015，37（2）：68-74.

［136］弗朗斯瓦·魁奈．魁奈经济著作选集［M］．吴斐丹，张草纫译．北京：商务印书馆，1992.

［137］李廉水，鲍怡发，刘军．智能化对中国制造业全要素生产率的影响研究［J］．科学学研究，2020，38（4）：609-618.

［138］李青原，王炼．探路者员工持股计划有效性分析［J］．财务与会计，2016（23）：28-29.

［139］李唐，韩笑，余凡．企业异质性、人力资本质量与全要素生产率——来自2015年广东制造业企业-员工匹配调查的经验证据［J］．武汉

大学学报（哲学社会科学版），2016，69（1）：73-83.

［140］李昕．员工持股计划［J］．中国劳动，2000（9）：37-40.

［141］李兴玉，罗守贵．员工持股计划增加股东财富的路径研究与多因子投资组合策略［J］．管理现代化，2017，37（5）：64-66.

［142］李韵，丁林峰．员工持股计划、集体激励与企业创新［J］．财经研究，2020，46（7）：35-48.

［143］李政，艾尼瓦尔．美国员工持股计划及其对我国国企改革的启示［J］．当代经济研究，2016（9）：71-78.

［144］连立帅，朱松，陈关亭．资本市场开放、非财务信息定价与企业投资——基于沪深港通交易制度的经验证据［J］．管理世界，2019，35（8）：136-154.

［145］廖红伟，杨良平．国有企业改革中的员工持股制度分析——基于交易成本理论的视角［J］．江汉论坛，2017（9）：24-29.

［146］刘凤委，李琳，薛云奎．信任、交易成本与商业信用模式［J］．经济研究，2009，44（8）：60-72.

［147］刘永丽，李思荃．我国员工持股计划存在的问题及建议［J］．财务与会计，2018（6）：74.

［148］卢江，李萌萌．论中国特色社会主义员工持股制改革：1978～2019 年［J］．当代经济研究，2019（12）：68-75.

［149］卢太平，张东旭．融资需求、融资约束与盈余管理［J］．会计研究，2014（1）：35-41.

［150］鲁晓东，连玉君．中国工业企业全要素生产率估计：1999—2007［J］．经济学（季刊），2012，11（2）：541-558.

［151］陆春燕．职工持股计划与劳动力产权的实现［J］．马克思主义与现实，2002（3）：97-99.

［152］路易斯·凯尔索，帕特里西亚·凯尔索．民主与经济力量——通过双因素经济开展雇员持股计划革命［M］．赵曙明译．南京：南京大学出版社，1996.

［153］毛其淋．人力资本推动中国加工贸易升级了吗？［J］．经济研究，2019，54（1）：52-67.

［154］毛其淋，盛斌．对外经济开放、区域市场整合与全要素生产率［J］．经济学（季刊），2011，10（4）：30.

［155］孟庆斌，李昕宇，张鹏．员工持股计划能够促进企业创新吗？——基于企业员工视角的经验证据［J］．管理世界，2019，35（11）：209-228.

［156］裴政，罗守贵．人力资本要素与企业创新绩效——基于上海科技企业的实证研究［J］．研究与发展管理，2020，32（4）：136-148.

［157］钱爱民，张晨宇．股权质押与信息披露策略［J］．会计研究，2018（12）：34-40.

［158］钱雪松，康瑾，唐英伦，等．产业政策、资本配置效率与企业全要素生产率——基于中国2009年十大产业振兴规划自然实验的经验研究［J］．中国工业经济，2018（8）：42-59.

［159］钱雪亚，缪仁余．人力资本、要素价格与配置效率［J］．统计研究，2014，31（8）：3-10.

［160］任曙明，吕镯．融资约束、政府补贴与全要素生产率——来自中国装备制造企业的实证研究［J］．管理世界，2014（11）：10-23.

［161］任韬，孙潇筱，褚晓琳．重点行业资本配置扭曲对中国全要素生产率的影响［J］．经济与管理研究，2020，41（1）：63-77.

［162］沈红波，华凌昊，许基集．国有企业实施员工持股计划的经营绩效：激励相容还是激励不足［J］．管理世界，2018，34（11）：121-133.

［163］盛丹，陆毅．出口贸易是否会提高劳动者工资的集体议价能力［J］．世界经济，2016，39（5）：122-145.

［164］盛明泉，蒋世战．高管股权激励、技术创新与企业全要素生产率——基于制造业企业的实证分析［J］．贵州财经大学学报，2019（2）：70-76.

［165］盛明泉，蒋世战，盛安琪．高管海外经历与企业全要素生产率

［J］．财经理论与实践，2019，40（6）：141-147.

［166］盛明泉，汪顺，商玉萍．金融资产配置与实体企业全要素生产率："产融相长"还是"脱实向虚"［J］．财贸研究，2018，29（10）：87-97.

［167］宋常，王丽娟，王美琪．员工持股计划与审计收费——基于我国A股上市公司的经验证据［J］．审计研究，2020（1）：51-58.

［168］宋军，吴冲锋．金融市场中羊群行为的成因及控制对策研究［J］．财经理论与实践，2001（6）：46-48.

［169］苏华，王威华，肖飒．要素集聚与高质量发展——基于黄河流域生态经济带地级市的实证研究［J］．工业技术经济，2020，39（12）：28-35.

［170］孙即，张望军，周易．员工持股计划的实施动机及其效果研究［J］．当代财经，2017（9）：45-58.

［171］孙丽君，蓝海林，徐建蓉．企业理性战略决策影响因素的实证分析［J］．财经科学，2010（5）：92-100.

［172］孙萌瑶，薛坤坤．CEO权力、内部治理与代理成本［J］．未来与发展，2018，42（6）：60-65.

［173］孙晓华，王昀．研发、出口与全要素生产率：基于联立方程模型的实证检验［J］．管理工程学报，2015，29（4）：1-8.

［174］Selin Ozyurt. 中国工业的全要素生产率：1952—2005［J］．世界经济文汇，2009（5）：1-16.

［175］汤吉军，戚振宇．人力资本专用性、交易成本与国企员工持股研究［J］．理论学刊，2017（5）：73-80.

［176］万华林．股权激励与公司财务研究述评［J］．会计研究，2018（5）：52-58.

［177］王红建，曹瑜强，杨庆，等．实体企业金融化促进还是抑制了企业创新——基于中国制造业上市公司的经验研究［J］．南开管理评论，2017，20（1）：155-166.

［178］王珏．国有企业经营者收入问题探析［J］．管理世界，2002（11）：148-149.

［179］王砾，代昀昊，孔东民．激励相容：上市公司员工持股计划的公告效应［J］．经济学动态，2017（2）：37-50.

［180］王少华，上官泽明，吴秋生．高质量发展背景下实体企业金融化如何助力企业创新——基于金融化适度性的视角［J］．上海财经大学学报，2020，22（3）：19-34.

［181］王瑶，郭泽光．机构投资者持股与企业全要素生产率：有效监督还是无效监督［J］．山西财经大学学报，2021，43（2）：113-126.

［182］王烨，孙慧倩，吴婷，等．人力资本禀赋、市场化程度与员工持股计划选择［J］．华东经济管理，2018，32（12）：133-142.

［183］王震良，崔毅．员工持股融资的理论分析与操作设计［J］．科技进步与对策，2003，20（2）：131-133.

［184］温忠麟，叶宝娟．中介效应分析：方法和模型发展［J］．心理科学进展，2014，22（5）：731-745.

［185］吴建新，刘德学．人力资本、国内研发、技术外溢与技术进步——基于中国省际面板数据和一阶差分广义矩方法的研究［J］．世界经济文汇，2010（4）：89-102.

［186］夏鑫，桂琳，房朝燕．SG集团公司员工持股计划的效果分析与改进对策［J］．财务与会计，2018（11）：37-39.

［187］肖淑芳，胥春悦，刘珊珊．员工持股计划公告的市场反应——基于中国上市公司的经验数据［J］．北京理工大学学报（社会科学版），2018，20（4）：72-80.

［188］谢刚，仲伟周，万迪昉．员工持股计划的性质、功能与应用［J］．预测，2003（3）：43-46.

［189］谢申祥，陆毅，蔡熙乾．开放经济体系中劳动者的工资议价能力［J］．中国社会科学，2019（5）：40-59.

［190］徐远华．企业家精神、行业异质性与中国工业的全要素生产率

[J]．南开管理评论，2019，22（5）：13-27.

[191] 许英杰．混合所有制企业员工持股制度研究［J］．金融理论与教学，2018（3）：47-52.

[192] 亚当·斯密．国富论［M］．唐目松译．北京：商务印书馆，2007.

[193] 阳立高，龚世豪，王铂，等．人力资本、技术进步与制造业升级［J］．中国软科学，2018（1）：138-148.

[194] 阳义南．养老金生产率理论：我国发展企业年金的供给边视角［J］．社会保障研究，2012（4）：49-55.

[195] 杨水利，魏书妍，王春嬉，等．国有企业科技人员股权激励效应的影响研究［J］．生产力研究，2017（11）：1-7.

[196] 尹智雄．论员工持股对企业管理科学化的实现［J］．学术研究，2001（4）：43-46.

[197] 于新亮，上官熠文，于文广，等．养老保险缴费率、资本——技能互补与企业全要素生产率［J］．中国工业经济，2019（12）：96-114.

[198] 约翰·罗尔斯．正义论［M］．何怀宏译．北京：中国社会科学出版社，1988.

[199] 詹宇波，张军，徐伟．集体议价是否改善了工资水平：来自中国制造业企业的证据［J］．世界经济，2012，35（2）：63-83.

[200] 张成思，张步昙．中国实业投资率下降之谜：经济金融化视角［J］．经济研究，2016，51（12）：32-46.

[201] 张杰，刘志彪，李勇．出口与中国本土企业生产率———基于江苏制造业企业的实证分析［J］．管理世界，2008（11）：50-64.

[202] 张望军，孙即，万丽梅．上市公司员工持股计划的效果和问题研究［J］．金融监管研究，2016（3）：90-103.

[203] 张维迎，王勇．企业家精神与中国经济［M］．北京：中信出版社，2019.

[204] 张孝梅．混合所有制改革背景的员工持股境况［J］．改革，

2016（1）：121-129.

[205] 张永冀，吕彤彤，苏治. 员工持股计划与薪酬粘性差距 [J]. 会计研究，2019（8）：55-63.

[206] 张臻. 要素市场扭曲、企业创新与全要素生产率提升研究 [D]. 西安：西北大学，2018.

[207] 郑宝红，张兆国. 企业所得税率降低会影响全要素生产率吗？——来自我国上市公司的经验证据 [J]. 会计研究，2018（5）：13-20.

[208] 郑志丹. 股票市场资源配置效率及其溢出效应 [J]. 系统工程，2017，35（5）：1-10.

[209] 钟凯，孙昌玲，王永妍，等. 资本市场对外开放与股价异质性波动——来自"沪港通"的经验证据 [J]. 金融研究，2018（7）：174-192.

[210] 周才堂，汪雪峰. 员工持股计划及其在我国的实践 [J]. 管理现代化，2000（6）：18-21.

[211] 周冬华，黄佳，赵玉洁. 员工持股计划与企业创新 [J]. 会计研究，2019（3）：63-70.

[212] 周茂，李雨浓，姚星，等. 人力资本扩张与中国城市制造业出口升级：来自高校扩招的证据 [J]. 管理世界，2019，35（5）：64-77.

后　记

　　岁月如梭，韶光易逝。在本书即将完结之际，博士求学经历以及本书写作过程中的点点滴滴又一次浮现在眼前。我从初涉学术到逐渐步入科研正轨，从稚嫩走向成熟，这段历程离不开求学之路上各位老师、同学和亲友不计回报的付出与帮助。这一刻，我感慨良多。

　　本书能顺利成稿，首先，要感谢我的博士生导师郭泽光教授。郭老师对我学习、生活的支持和帮助，都让我深深地感受到老师对我们的爱和奉献。博士入学初始，郭老师便让我对自己的博士学习做个初步规划，与我一起讨论阅读、写作等方面的时间安排。之后每次见面，郭老师都会提醒我一定要深入阅读、潜心研究，并在我焦虑时不止一次地鼓励和安慰我。郭老师的引导和建议成为我博士入学后的"领路灯"，督促我不间断地学习、积累。在郭老师的指导下，我逐渐明确了自己的研究方向，开始尝试论文的写作。在论文的撰写过程中，大到文章结构、研究思路的把控，小到论文一字一句一标点的改正，都充盈着郭老师的汗水和智慧。郭老师对论文写作的高标准、严要求，让我真正明白了"潜心研究"的含义和科研工作的严谨。除了在学习上的指导，郭老师也用他的生活态度感染和关心着我。依然记得他带着我和师姐们爬山，感受清晨的恬静、运动的酣畅；记得他带我们走进农家，感受农家生活的乐趣；记得他知道我在节假日没回家，邀请我去他家里团聚。我知道在郭老师眼里，我不仅是一个学生，更像是他的孩子。他用他的经验、智慧和态度，教导我如何做一个兼顾生活和学习的人。

　　其次，书稿的完成要特别感谢我的硕士生导师吴秋生教授。吴老师是我学术生涯的领路人。在我第一篇学术论文的写作过程中，吴老师从选题确定到问卷设计、问卷发放、实证检验等都对我进行了细致的指导。初稿完成后，吴老师一字一句帮我修改，并告诉我如此修改的理由。吴老师的理论功底、研究逻辑思路和开阔的学术视野都让我受益匪浅。正是吴老师的鼓励和指导，我才有勇气、有机会开启自己的博士生涯，也正是在吴老师的引荐下，我才有缘与我的博士生导师郭老师相识。博士学习期间，每当我有疑问时，吴老师都第一时间回复，并尽可能给我帮助；每次收到学术会议邀请，吴老师都鼓励我积极参加，并为我提供各方面的支持。吴老师每次无条件地支持和指导，都使我在孤独求学路上倍感温暖，也成为我能坚持下来的拐杖。

感谢山西财经大学李端生教授、袁春生教授和田祥宇教授，他们的指导不仅深化了我的知识体系，厘清了我的知识脉络，而且对我论文选题、论文研究思路的纠偏都提供了很大的帮助。感谢黄贤环老师、王晓亮老师、贺亚楠老师等在百忙中为我的开题报告、毕业论文和书稿撰写提供宝贵意见和帮助。感谢同门师姐郭婧、翟君、郭伟、董屹宇，闫翠萍老师和王瑶师妹在本书写作过程中给予我的热情帮助与鼓励。感谢山西师范大学郗秀军教授、高文军副教授等老师在本书出版过程中提供的关怀与资助。

最后，感谢我的家人。在书稿写作过程中，我经常感到很无助，也无数次地想要放弃，是家人给予我信心，鼓励我、支持我，让我在迷茫时找到前进的方向，让我在彷徨时坚定信念继续前行。感谢他们容忍我所有的负能量，毫无怨言地当我的"出气筒"。他们是我写作的智囊团，也是我调整心态、继续前行的心灵导师。感谢经济管理出版社编辑老师的辛勤付出。

回望这些年的成长历程，感恩遇到的每一个人，感谢自己坚持了下来，不忘初心。在未来的日子里，只有坚定地在学术道路上前行，才能不负使命，不负恩情。

任灿灿

2021 年 12 月